A. Wiedemann

Ägyptische Geschichte

A. Wiedemann

Ägyptische Geschichte

ISBN/EAN: 9783743397965

Hergestellt in Europa, USA, Kanada, Australien, Japan

Cover: Foto ©ninafisch / pixelio.de

Manufactured and distributed by brebook publishing software
(www.brebook.com)

A. Wiedemann

Ägyptische Geschichte

ÄGYPTISCHE GESCHICHTE

VON

A. WIEDEMANN.

SUPPLEMENT.

GOTHA.
FRIEDRICH ANDREAS PERTHES.
1888.

VORWORT.

Es liegt in der Natur der Sache, dafs ein Handbuch, welches sich die Aufgabe stellt, unser Wissen über eine bestimmte Periode der Geschichte zusammenzufassen, schnell unvollständig werden wird. Jedes neugefundene Denkmal, jede neugelöste Frage bedeutet für dasselbe eine Lücke, jede durch neue Entdeckungen berichtigte Anschauung einen oft störenden Fehler. Vor allem mufs dies in einer Wissenschaft der Fall sein, in welcher es sich nicht nur darum handelt, ein gegebenes Gerüst weiter auszubauen und zweifelhafte Punkte von verhältnismäfsig untergeordneter Bedeutung aufzuhellen, sondern bei der noch die Grundlage zu schaffen ist, auf welcher die weitere Forschung weiterbauen kann.

In den Jahren, welche seit dem Erscheinen des Handbuches für die ägyptische Geschichte verstrichen sind, hat sich das Material für dieselbe in ungeahntem Mafse vergröfsert, es ist mehr gewachsen, als früher in Jahrzehnten. Die Ausgrabungen der ägyptischen Regierung unter der Leitung Masperos und die des Egypt Exploration Fund unter der Petries, Navilles und anderer haben Resultate von weittragender Bedeutung zutage gefördert, welche durch die dankenswerte Schnelle, mit der sie publiziert wurden, schon jetzt Gemeingut der Wissenschaft sind. Dazu kommen die von

Maspero herausgegebenen nachgelassenen Notizen des langjährigen Leiters des Bulaqer Museums Mariette sowie zahlreiche Einzeluntersuchungen und kleinere Texteditionen, welche in ihrem Zusammenhange das Wissen über manche Perioden in hohem Grade bereichert haben.

Unter diesen Umständen erschien es ein nützliches Unternehmen, die Angaben des Handbuches durch Herausgabe eines Supplementes zu ergänzen, um dasselbe auf diese Weise dem augenblicklichen Stande der Wissenschaft anzupassen. Bei dieser Gelegenheit konnten auch einige übergangene Litteraturangaben nachgetragen werden, entsprechend dem Zwecke des Buches, einen möglichst vollständigen Wegweiser durch die auf die ägyptische Geschichte bezüglichen Denkmälerangaben und litterarischen Arbeiten zu bilden. Dabei beschränkt sich das Supplement ebenso wie das Handbuch selbst, auf die politische Geschichte; für die Bearbeitung der Kulturgeschichte, durch deren Aufnahme der Umfang des Werkes verdrei- oder vervierfacht worden wäre, sollte es nur indirekt durch die Aufführung der datierten Monumente ein Hilfsmittel werden. Die bereits im Handbuche S. XII und S. 763f. gegebenen Nachträge wurden, um dem Benutzer doppeltes Nachschlagen zu ersparen, hier wiederholt.

Bonn, im Januar 1888.

Abkürzungen.

Lieblein für Lieblein, Dictionnaire des noms hiéroglyphiques.
Mariette für Mariette, Les Mastaba de l'ancien empire ed. Maspero.
Maspero für Maspero, Guide du visiteur au Musée de Boulaq.
Pierret für Pierret, Recueil d'inscriptions du Musée du Louvre.
Proc. für Proceedings of the Society of Biblical Archaeology.

Ägyptische Geschichte.

S. 4, Z. 4. Der Ursprung des Wortes Nil ist unbekannt. Die viel verbreitete Ableitung von dem hebräischen naḥal „Bach, Thal“ ist sicher unrichtig. Byzantinische Grammatiker meinen, es sei nur eine Zahlenkombination von N. 50 + ε 5 + ι 10 + λ 30 + ο 70 + ς 200 = 365 der Zahl der Tage des Jahres. — **S. 5, A. 1.** Acht verschiedene Analysen des Nilschlamm bei Horner, Philos. Transact. vol. 145 (London 1855), p. 128; eine weitere bei W. Knop, Landwirtschaftl. Versuchsstationen XV, S. 16—18. Vgl. Bischof, Geologie I (2. Aufl.), S. 518 ff. — **S. 10, Z. 8.** Eine längere Reihe Nomen finden sich bereits im Grabe des Àmten (L. D. II, 3—7) vom Anfange der 4. Dynastie und sonst im alten Reiche.

S. 13, Z. 15. Für den Mokattam vgl. Schweinfurth, Zeitschr. d. Deutsch. Geol. Gesellsch. 1884, März-April. — **Z. 20.** Bereits Strabo XVII, 808 erklärt die sogen. Linsen richtig für Naturprodukte; der häufigste der hier vorkommenden Numuliten ist Numulina placentula Forsk. — **S. 14, A. 4.** W. Houghton, Gleanings from the natural history of the Ancients. London 1879. — **S. 16, A. 6.** Vgl. 2 Mos. 9, 3, wo Kameele in Ägypten zu Mosis Zeit erwähnt werden. — **A. 8.** Hehn, Kulturpflanzen und Haustiere (3. Aufl.), S. 27 ff.; Lefébure, Sur l'ancienneté du cheval en Egypte in Annuaire de la fac. des lettres de Lyon II, 1 (1884); Piétremont, Sur l'introduction du cheval en Egypte in Rev. d'éthnogr. III, Heft 5. — **S. 17, Z. 7.** Vgl. H. Rathke, Untersuchungen über die Entwickelung und den Körperbau der Krokodille. Braunschweig 1866. — **S. 18, Z. 6.** Diese Gleichheit ergab sich besonders aus den Pflanzenfunden in ägyptischen Gräbern, welche Schweinfurth, Ber. der Deutsch. Botan. Gesellsch. I, S. 544—546; II, S. 351—371 eingehend behandelte. — **A. 1.** Ascherson und Schweinfurth, Ill. de la Flore d'Egypte. Kairo 1887; Wönig, Die Pflanzen im alten Ägypten. Leipzig 1886. — **A. 2.** Vgl. Herod. III, 47; Plin. Hist. nat. XIX, 3. — **S. 19, A. 2.** Vgl. Schweinfurth a. a. O., S. 367 f. — **S. 20, A. 3.** Vgl.

Hehn, Kulturpflanzen, S. 268 ff.; Egger, De l'influence du pap. Egypt. sur le développement de la litt. grecque. Paris 1842.

S. 22, Z. 1. Über ägypt. Mumienschädel handelte ausführlich Emil Schmidt, Über alt- und neuägyptische Schädel. Leipzig 1885; vgl. Morton, Crania Aegyptiaca in Transact. of the Amer. Philos. Soc. 1844. — Z. 15. Für den von χημι abgeleiteten Namen der Chemie s. Kopp, Beiträge zur Gesch. der Chemie, S. 40 ff.; Pott, Z. d. D. M. G. XXX, S. 6 ff.; G. Hoffmann in Ladenburgs Handwörterbuch der Chemie II, S. 516—530. — S. 23, Z. 8. Kusch wird hieroglyphisch Kasch, Kesch und Kaisch (L. D. III, 141 g) geschrieben. — Z. 28. Den Zusammenhang des Bes mit der griechischen Gorgo behandelten Pleyte, Chapitres suppl. du Livre des Morts 162—163, p. 111 sqq.; Six, De Gorgone. Amsterdam 1885, p. 94 sqq. Für sein Vorkommen auf Münzen vgl. Erman, Zeitschr. f. Numism. 1882, S. 296 ff. Die älteste Abbildung des Bes stammt aus der Zeit Amenophis III (L. D. III, 74 c). — S. 24, Z. 10. Brugsch in Fleischers Vierteljahrsber. über die ges. Wissensch. I (1882), S. 55 bezeichnet Ägypter, Äthiopen, Phönizier und Assyrer als Chamiten; die Assyrer waren jedoch sicher Semiten. — A. 1. Ähnlich wie Hellwald urteilte Wuttke, Entstehung der Schrift, S. 483; entschieden widersprach Brugsch, Hist. d'Eg. I², p. 6 sq. Vermittelnd meint Ebers, Cicerone I, p. 60, cf. II, p. 179 (vgl. Dümichen, Gesch. Ägypt., S. 178 ff.) von Süden seien Chamiten über Arabien und die Strafse Bab-el-Mandeb an den Nil gezogen, während von Norden her semitische oder kuschitische Kolonisten das Land bevölkerten. — S. 25, A. 1. E. Schmidt, Korrespondenzbl. der Deutsch. Anthrop. Ges. XV (1884), S. 37 ff. Nahe Verwandtschaft der Ägypter und Semiten behauptete Hommel, Die semitischen Völker I, S. 88 ff. — S. 28, Z. 36. Beste Publikation des Dekrets von Rosette bei Lepsius, Auswahl der wichtigsten Urkunden pl. 18: ein sehr zerstörtes Duplikat findet sich in Philae (L. D. IV, 20); ein besseres bei Damanhûr entdecktes ist in Bulaq (publ. Bouriant, Rec. de trav. rel e. c. VI, p. 1 sqq.) — S. 29, A. 3 de Rougé, Athenaeum franç. 1852, p. 106—107. 154—156; 1858, p. 414—416. 466—468 über Champollion und dessen Schüler.

S. 33, Z. 4. Ähnlich erklärte die Entstehung des Alphabets zuerst Birch in Wilkinson, The Egyptians in the time of the Pharaohs. London 1857; dann Lefébure, Hymnes au Soleil, p. 46. 59. 92; endlich auch Golénischeff, Actes du 6ᵉ Congr. intern. des Orient. Leyde IV, p. 79—86. — S. 37, A. 2. Isaac Taylor, The Alphabets I. London 1883. Cap. 2. Bertin in Etudes déd. à Leemans, p. 135 sq. suchte die Prinzipien, welche bei der Auswahl der Zeichen bestimmend waren, nachzuweisen. — **A. 3.** Aus der babylonischen Keilschrift leiten auch John P. Peters, Proc. 5. Febr. und 6. Mai 1884 und Hommel, Gesch. Assyriens, S. 50 ff. das phönizische Alphabet ab. — **S. 39, A. 1.** Statt Meyer l. Meier. Bei der Vergleichung mufs man sich hüten, semitische Lehnwörter im Ägyptischen (am besten gesammelt von Bondi, Dem hebräisch-phönizischen Sprachzweige angeh. Lehnw. in hierogl. und hierat. Texten. Leipzig 1886) für altägyptisches Sprachgut zu halten. — **A. 3.** Meyer, Gesch. Ägypt, S. 20 läfst die Libyer und Mauren die nächsten Verwandten der Ägypter sein. Ähnlichkeiten zwischen Ägyptisch und Akkadisch glaubte Strafsmaier, Etudes déd. à Leemans, p. 105 sqq. zu finden.

S. 42, A. 1. Vgl. Brugsch, Religion und Mythologie der alten Ägypter I. Leipzig 1884. — **S. 46, Z. 37.** Jetzt leiten auch Maspero, Rec. de trav. rel. e. c. III, p. 127 sq. und Bouriant l. c. VI, p. 52 sqq. den Aten-Kult aus Heliopolis her.

S. 54, A. 1. Vgl. Brugsch, Hist. d'Eg. I², p. 20 sqq. — **S. 56, Z. 7** statt Ptolemäerzeit l. Zeit der 26. Dynastie. — **A. 1.** Die Kunst im weitesten Sinne des Wortes (Architektur, Skulptur, Malerei, Kleinkunst) behandelte in vortrefflicher Weise Maspero, Archéologie égyptienne. Paris 1887. Vgl. Erman. Ägypt., S. 530 ff. — **S. 57, Z. 21.** Über die Orientierung der ägyptischen Tempel handelt Nissen, Rhein. Mus. N. F. XL (1884), S. 38—65. Die Bedeutung der einzelnen Räume des äg. Tempels, besonders zur Ptolemäerzeit erörterte Rochemonteix, Rev. intern. de l'Enseignement. 15 Juli 1887. — **S. 59, Z. 10.** Die Bronzestatuen des alten Reiches, von denen die beiden gröfsten aus der Samml. Posno an das Louvre gelangt sind (Longpérier, Gaz. arch. VIII, p. 93—96, pl. 12—13; Revillout, Rev. ég. III, pl. 1—2), entsprechen in der Arbeit ganz den Holzstatuetten dieser Periode.

S. 61, A. 1. Aufser Ledrain vgl. Cros et Henry, L'encaustique chez les anciens. Paris 1884 und dagegen Donner von Richter, Über Technisches in der Malerei der Alten. 1887. — **S. 62, Z. 15.** Die Profankunst, welche in Ägypten neben der hieratischen Kunst bestand, behandelte Wiedemann, Jahrb. des Ver. v. Altertumsfr. im Rheinland. LXXVII (1884), S. 1 ff. — **S. 65, Z. 22.** Nach Meyer, Gesch. des Alt. I, S. 40 hätte anfangs das erste Jahr des Königs mit dem Thronbesteigungstag begonnen, so dafs das Regierungsjahr mit dem bürgerlichen Jahr nicht zusammen gefallen wäre. Die Monumente bestätigen diese Angabe nicht und wenn der Turiner Papyrus die Regierungsdauern in Jahren, Monaten und Tagen giebt, so giebt er damit die thatsächlichen Verhältnisse, unbekümmert um eine fiktive Chronologie, welche bei Summierungen Fehler im Gefolge haben mufste. — **S. 66, Z. 31.**

Zur Sothisperiode vgl. von Oppolzer, Über die Länge des Siriusjahres in Wiener Sitzungsber. II Abt. XC. Als Anfangsjahr einer Sothisperiode nahm Lepsius 139, Brandes, Abhandlungen zur Geschichte des Orients, S. 123ff. 136 n. Chr. — A. 1. Über den Phönix als mythologische Figur s. Wiedemann, Ägyptische Zeitschrift 1878, S. 89ff.; Robiou, Le Muséon VI, p. 91sqq. — **S. 67, A. 1.** Nur der Vollständigkeit wegen seien auch die Bemerkungen von Piehl, Rec. de trav. e. c. II, p. 121sq. erwähnt. Vgl. ferner Krall, Comp. des maneth. Gesch. Werkes, S. 104ff.; Riel, Sonnen- und Siriusjahr der Ramessiden, S. 177ff. — **S. 68, A. 1.** Aufser Lepsius vgl. Henri Martin, Rev. arch. N. S. II, p. 78—90. 131—149. — **S. 70, A. 1.** E. Schwimmer, Die ersten Anfänge der Heilkunde und der Medizin im alten Ägypten. Berlin 1876.

S. 73, Z. 26. Bei Doppelregierungen, wie sie in der 12. Dynastie stattfanden, giebt der Papyrus, wie Brugsch, Hist. d'Eg. I², p. 28. 83 hervorhob, die Jahre beider Herrscher als voll an, ebenso wie die Inschriften dieselben als voll rechnen und weist nicht auf die Zahl der doppelt gezählten Jahre hin. Wie der Schreiber bei den Dynastieensummen sich den Doppelregierungen gegenüber verhielt, ist unbekannt. Meyers Angabe, Gesch. Ägypt., S. 12. 172; Gesch. des Alt. I, S. 41. 121; er habe die Jahre einfach summiert und daher erhebliche Fehler begangen, ist nur Hypothese. Es findet sich nach Schlufs der 12. manethonischen Dynastie zwar die Summenzahl 213 Jahre, wird aber nicht gesagt, ob dies die der Jahre von Amenemḥā I. bis Ra-sebeknefru ist, oder vielleicht die der 11. und 12. Dynastie, wie Lieblein, Rech., S. 76 annahm, oder sonst einer Anzahl Herrscher. Ferner sind, selbst wenn man annimmt, dafs es die Summe der Jahre der 12. Dynastie sei, die Einzelposten nur zum Teil erhalten, so dafs es unmöglich ist zu entscheiden, ob nicht bei der Gesamtsumme die Doppeljahre in Abzug gebracht worden sind, wie dies auf den ersten Blick als wahrscheinlich erscheinen mufs. Jedenfalls ist die apodiktische Behauptung, der Schreiber sei an der Aufgabe, die Zahlen der 12. Dynastie herzustellen, gescheitert, unberechtigt. — **S. 74, Z. 17** hinter net l. vielleicht sechet zu lesen. — **S. 75, A. 1.** Meyer, Gesch. Ägypt., pl. 2; z. T. Ebers, Ägypt. II, S. 236; Cicerone II, S. 188. — **S. 76, Z. 27.** Die Inschrift von Saqqarah ward 1861 von Vasalli, welcher im Auftrage Mariettes Ausgrabungen leitete, im Grabe zweier hoher Würdenträger, des Schreibers des königlichen Harems Necht und des königlichen Architekten Tunuroi entdeckt. Die auf ihrer Rückseite befindlichen Hymnen auf Osiris publ. Mariette, Mon. div. pl. 57b; übers. Maspero, Guide, Nr. 872, p. 432. — **A. 1.** Auch publ. Felix,

Notes on Hieroglyphics. Cairo 1828, pl. 1, der auf pl. 2 kleinere Parallellisten gab.

S. 82, A. 1. Vgl. Brugsch, Hist. d'Eg. I², p. 45 sq., der darauf hinwies, dafs Snefru der erste König ist, welcher diese komplizierte Titulatur führte. — S. 84, Z. 1 v. u. nach Säulen einzuschieben „der Annexe“. — S. 90, Z. 34. Freilich stammen nicht alle Skarabäen mit Königsnamen wirklich aus der Zeit der betreffenden Herrscher; besonders die Funde von Naucratis haben gezeigt, dafs man noch in junger Zeit alte Königsnamen auf Skarabäen eingrub und so die Kartouchen nur als Ornament betrachtete, doch sind solche Fälle immer vereinzelt geblieben.

S. 94, Z. 18. Das Nichtvorhandensein von Kasten wies eingehend nach Wiedemann, Les castes en Egypte in Le Muséon. 1886. — S. 95. A. 1. Maspero, Les contes populaires de l'Egypte ancienne. Paris 1882 und im Ann. de l'Assoc. pour l'encouragement des ét. Grecques 1878. — S. 98, Z. 8. Ein etwa aus der 12. Dynastie stammendes Märchen enthält ein aus Lepsius Nachlafs von dem Berliner Museum angekaufter Papyrus. Nach der Inhaltsangabe bei Meyer, Gesch. Ägypt., S. 129 ff., Erman, Äg., S. 408 ff. ist es von allen erhaltenen ägyptischen das geistloseste. Es berichtet in ganz unhistorischer Form von Zaubereien unter den Königen Ṫaser, Nebka und Snefru, von einem Zauberkünstler zur Zeit des Cheops und von Wunderdingen bei der Geburt der spätern Könige Userkaf, Saḥura und Kaka-u. — S. 99, A. 1. Ferner Cook, The holy Bible I, 1, p. 443—492. De Lagarde, Symmicta 1877, p. 117 hat gemeint, man könne daraus, ob der Verfasser des Hexateuchs über ägyptische Zustände schlecht oder gar nicht unterrichtet sei, ein Kriterium für die Entstehungszeit der betreffenden Bestandteile desselben gewinnen. Dieser Gedanke läfst sich, da sich überall eine gleichmäfsige gute Kenntnis des Nilthales zeigt, nicht durchführen. — S. 100, Z. 14. Wie Assurbanipal lügt Salmanassar II., wenn er in seinen Annalen behauptet, zwölf Fürsten besiegt zu haben, während er doch nur elf Völkergruppen aufzuzählen vermag; und wenn er in ein und derselben Schlacht bald 14000, bald 20500 Feinde fallen läfst. Auch die vielbesprochene Stelle, an der er Jehu einen Sohn des Omri nennt, während gerade dieser das Haus Omri vernichtete, gehört hierher.

S. 101, Z. 21. Günstiger, doch kaum mit Recht, beurteilt Hutecker, Über den falschen Smerdis. Königsberg 1885, S. 25 den Ktesias. — S. 102, Z. 7. Der wichtigste arabische Autor für Ägypten ist Abd ul Latif, geboren 1162 zu Bagdad, studierte in Damaskus, Kairo, Jerusalem und Aleppo Medizin, starb am 8. November 1231 auf der Pilgerfahrt nach Mekka. Er verfafste zahlreiche grammatische, rhetorische, juristische, theologische und medizinische Schriften. Seine „Beschreibung Ägyptens“ publ. White, Abdollatiphi historiae Aegypti compendium. Oxford 1800; in grundlegender Weise unter Verwertung auch des übrigen arabischen Materials für Ägypten bearb. von Silvestre de Sacy, Relation de l'Egypte. Paris 1810. — **A. 1.** Statt Weissemann l. Wisemann. Diese Syrer geben nichts als einen Teil der Erzählung des Josephus über Mosis Jugend, ausgeschmückt mit indirekt Manetho entnommenen Königsnamen. — **S. 103, Z. 6.** Heliodor, Aeth. II, 27 bemerkt: „*Αἰγύπτιον γὰρ ἄκουσμα καὶ διήγημα πᾶν Ἑλληνικῆς ἀκοῆς ἐπαγωγότατον.* — **Z. 34.** Creuzer, Hist. Gr. frg. Heidelberg 1806. — **S. 106, Z. 20.** Auch Diels, Hermes XXI, S. 411—444 spricht sich für eine weitgehende Benutzung des Hekataeus aus. Die Bemerkung von Hildebrandt, De itineribus Herodoti. Leipzig 1883, p. 62, Herodot werde seine umständlichen und teuren Reisen nach Ägypten doch nicht angestellt haben, nur um Hekatäus auszuschreiben, beweist naturgemäfs nichts gegen die Quellenbenutzung. — **Z. 25.** Pseudo-Scylax entnahm, als er um 350 v. Chr. seine vermutlich für Schulzwecke bestimmte Periegese zusammenstellte, die auf Ägypten bezüglichen Angaben dem Hekatäus (Wiedemann, Philologus XLVI, p. 170 sqq.). — **Z. 34.** Wilamowitz-Möllendorff, Rhein. Mus. N. F. IXL (1884), S. 447 zeigte, dafs das auf Ägypten bezügliche Fragment des Hippys nicht von dem alten Logographen, sondern frühestens aus dem 3. Jahrhundert stamme. — **Z. 36.** v. Gutschmid, Philologus X, p. 522 sq. — **S. 107, Z. 4.** Fragmente auch bei Schorn. Bonn 1829 und Mullach, Fragmenta philos. Graec. I. Paris 1860. Vgl. Pauly I, 1, S. 960f. — **S. 108, Z. 26.** Büdinger, Zur ägypt. Forschung Herodots im Wiener Sitzungsber. Hist.-Phil. Kl. LXXII (1872), S. 561—586; George Rawlinson, Hist. of Herodotus. London 1858, 3. Aufl. 1876; Sayce, Herodotos, Books 1—3. London 1883; John Kenrik, The Egypt of Herodotus. London 1841. Die Ausgabe von Stein (4. Aufl. Berlin 1881) enthält Beiträge von H. Brugsch. — **S. 109, Z. 25.** Für die Reisen vgl. Heyse, Quaest. Herod. I. De vita et itineribus Herodoti. Berlin 1827; Hachez, De Herod. itineribus et scriptis. Goettingen 1878; Hildebrandt, De itineribus Herod. Leipzig 1883. Die Thatsächlichkeit der Reise nach Oberägypten leugnete mit Recht Sayce, Journ. of Philology XIV, p. 257 sqq.

S. 111, A. 2. Stein, Herodotus. Berlin 1877, p. XV setzt die Reise 454—449. Korec in Sborník prací filologických vydany na oslavu dvacetipětiletého jubilea prof. Kvíčaly. Prag 1884, p. 173 sqq. meint, Herodot sei nach 440 nach Ägypten gegangen, dann zu Schiff nach Tyrus, dann zu Fufs zurück nach Ägypten, dann nachhause. — **S. 112, A. 3.** Vgl. Heyne, De font. hist. Diodori sect. 1. — **S. 114, Z. 10.**

Vgl. u. a. Mariette, Rev. arch. III Ser. IV (1884), p. 343—350. — **S. 117, Z. 2.** Parthey in Plutarch, De Iside et Osir., p. 158 sq. — **Z. 7.** Boehmer, Diss. de Eudoxo. Helmstadt 1715; Ideler, Über Eudoxos in Abh. d. Berl. Ak. 1831—1832; vgl. Brandes in Jahns Archiv XII (1847), p. 199—221. — **Z. 17.** Euthymenes lebte vielmehr vermutlich gegen Ende des 5. Jahrhunderts v. Chr. — **S. 118, Z. 13.** Pauly II, S. 996 ff.; die Fragmente bei Hudson, Geogr. Gr. min. II. — **Z. 23** hinter Abdera einzuschieben „oder von Teos“. — **S. 120, Z. 20.** E. Schwartz, Rhein. Mus. N. F. XL, S. 223—262.

S. 121, Z. 32. Voss, p. 125; Creuzer, p. 398; H. Browne in Kittos Cyclopädia. Hengstenberg, Die Bücher Mosis und Ägypten, S. 237 ff. erklärte Manetho für einen Fälscher aus der römischen Kaiserzeit! — **S. 122, Z. 15.** Die Ehe war nach neuentdeckten Texten vielmehr bereits 273 abgeschlossen. — **S. 123, A. 1.** Hinter 284 l. CV, S. 390 f. In Karthago fand sich neben Votivinschriften für Serapis der Sockel einer Büste, welcher den Namen *ΜΑΝΕΘΩΝ* trug (Rev. arch. III Ser. IV, p. 383). — **S. 125, Z. 28.** Vgl. Anagnostopulos, *περὶ τῆς λατινικῆς ἐπιγραφῆς τοῦ Βαρβάρου*. Jena 1884. — **S. 126, Z. 4.** Stern, Ägypt. Zeitschr. 1885, S. 87 ff. (ähnlich Krall l. c. 1883, S. 79 ff.) erklärt diese Notizen für wertlose spätere Randbemerkungen, doch sind sie wohl trotzdem als echtmanethonisch zu betrachten. Man übersieht von ägyptologischer Seite nur zu oft, daſs Manetho nicht nur aus ägyptischen Angaben schöpfte, sondern auch auf griechische Traditionen Rücksicht nahm. — **S. 128, Z. 27.** Lauth hat neuerdings (Korrespondenzbl. d. Deutsch. Anthr. Gesellsch. XV, S. 43) wieder den verfehlten Versuch gemacht, die Sothis für echt zu erklären und zur Grundlage einer neuen ägyptischen Chronologie zu machen. — **Z. 30.** Der Zustand, in dem uns Manetho überkommen ist, verbietet es, ein absolutes Urteil über den Wert seines Werkes abzugeben; die Behauptung von Meyer, Gesch. Ägyptens, S. 11, es stehe unumstöſslich fest, daſs er keine korrekte Chronologie gegeben habe, ist unbeweisbar. — **S. 130, Z. 9.** Für den Namen Bidis vgl. den ägyptischen Priester Bitys, der nach Jamblichus, de myst. VIII, 5; X, 7 unter dem König Amon lebte und auf Grund alter Texte ein pantheistisches Religionssystem aufstellte. Ihn wollen Lauth, Ägypt. Chronologie 1877, S. 30 f. und Maspero, Contes populaires, p. XX, 6 in dem Batau des Pap. d'Orbiney wiederfinden.

S. 132, Z. 19. Beim Schol. Apoll. Rhod. IV, 262 steht Archemachos zwischen Nicanor und Xenagoras. — **Z. 39** nach wohl l. trotz des Widerspruchs von Droysen, Epigonen II², S. 335. — **S. 133, A. 2.** Die Annahme von Meyer, Gesch. Ägypt., S. 139 die Liste sei ein Auszug aus Manetho, ist unwahrscheinlich. — **S. 135, Z. 2.** Vgl. Wiedemann, Gesch. Ägypt., S. 5, Samml. ägypt. Worte 1884. — **Z. 18** einzuschieben: 4 a) Hermippus von Smyrna schrieb 203 v. Chr. und kurz nachher sein grofses Werk *περὶ νομοθετῶν*. Ein Teil desselben war wohl das Buch *περὶ μάγων*, in welchem u. a. auch von der ägyptischen Religion die Rede war. Litteratur: Voss, p. 138; Müller III, p. 53. — **S. 136, Z. 9.** Neumann, De Charone Lampsaceno. Breslau 1880, p. 13; v. Gutschmid, Philologus X, p. 523sq.; Wiedemann, Philologus XLIV, p. 173. — **Z. 40** nach p. 195 l. cf. *Παραδοξογράφοι* ed. Westermann, p. XVIsq. 200. — **S. 137, Z. 3.** Pauly I, S. 225. — **Z. 34.** Brandis, De tempor. graec. ant. rationibus. Bonn 1857, p. 32sqq.; Bornemann, De Castoris chronicis. Lübeck 1878; v. Gutschmid zu Euseb, Chron. ed. Schoene I app., p. 241. — **S. 138, Z. 2.** Müller II, p. 498. 505; Welcker, Der epische Cyklus I², S. 83; Schäfer, Quellenkunde I², S. 108—111. — **Z. 26.** Hullemann, Comm. de Corn. Alex. Polyh. Utrecht 1849; Freudenthal, Hellen. Studien. Breslau 1875; Schrader in Ber. der Leipziger Akad. 1880; Pauly I², S. 734. Nach Unger, Philologus XLIII, S. 528—531 war Alexander nach 47 v. Chr. als Lehrer und 39 v. Chr. als Schriftsteller thätig; Müller III, S. 206 setzt ihn 80—62; Mommsen, Röm. Chronol., S. 156 um 62. — **Z. 37** nach schrieb „nach Athenäus XI, 478".

S. 141, Z. 18. Hullemann, Disputatio de vita et scriptis Jubae. Utrecht 1845; H. Peter, Über den Wert der Schriftstellerei von König Juba. Meifsen 1879; Vollgraff, Greek writes of roman history. Leiden 1880, p. 72—113; Maria-Renatus de la Blanchère, De rege Juba. Paris 1883. — **Z. 29** nach Leon „ebenso Hippys von Rhegion (frg. 1 bei Müller II, p. 13) Ammian Marc. XXII, 15. 2 u. a.". — **S. 142, Z. 29.** Über Strabos Leben Sibelis, Disputatio de Strabonis patria. Bauzen 1828; Hasenmüller, De Strabonis vita. Bonn 1863; Niese im Hermes XIII, 33 und Rhein. Mus. N. F XXXVIII, p. 567. Über die Quellen des 17. Buches A. Vogel, Philologus XLIII (1884), S. 405—416. — **S. 143, Z. 8.** J. G. Müller, Des Flavius Schrift gegen den Apion, herausg. von Riggenbach und Orelli. Basel 1877; Sperling, Apion der Grammatiker. Dresden 1886. — **Z. 20.** Porphyrius (de abstin. IV, 8; vgl. auch Abammon VIII, 4; IX, 14) lobt den Chaeremon sehr. — **S. 144, Z. 11.** H. Bartsch. De Chaeremone, poeta tragico. Breslau 1843. — **S. 145, Z. 25.** Speziell, aber nicht sehr glücklich behandelte die Manetho-Excerpte Krall, Wiener Sitzungsber. CV, S. 385ff. — **S. 146, Z. 2.** Litteratur: Naguiewski, De Juvenalis vita. Riga 1883; Schwabe, Rhein. Mus. XL, S. 1ff.; Hild, Juvénal. Paris 1884 hat neuerdings versucht das Exil Juvenals in Ägypten zu leugnen. — Z. 17. Haase, Jahrb. e. c. XIV (1835), p. 88 und De militarium scriptorum Graecorum editione. Berlin 1847; J. Melber, Fleckeisens Jahrb. Suppl. Bd. XIV (1885), S. 417–688. — S. 147, Z. 33. Heeren, De font. geogr. Ptol. Goettingen 1828; Al. v. Humboldt, Krit. Untersuchungen I, S. 108 ff.; Schoenfeld bei Pauly I², S. 783. — S. 148, Z. 4. Litteratur: Voss, p. 400; Müller IV, p. 320; vgl. Cosmas ad Gregor. Nazianz. Carm. 64 im Spicil. Rom. II, 179. — Z. 30. Baumstark, Aelius Aristides. Leipzig 1874. — Z. 37. Litteratur: Saalschütz, Zur Kritik Manethos, nebst einer Beilage: Hermapions Obelisken-Inschrift. Königsberg 1849. — S. 149, Z. 31. Lepsius, Rhein. Mus. IV, S. 142 ff. — S. 150. Z. 5. Die Unechtheit dieses angeblichen Briefes Hadrians erwies Wiedemann, La lettre d'Adrien à Servianus in Le Muséon. 1886. — Z. 10. Vgl. Ideler, Chron. II. 456. 467; H. Gelzer, Iulius Africanus I. Leipzig 1880; II. 1885. — Z. 24. Niebuhr, Kleine Schriften I, S. 221 ff.

S. 151, Z. 18. Beste Ausgabe von Schoene, Eusebi Chronicorum libri II. Berlin 1875. 1866. Der armenische Text von Aucher. Venedig 1818; von J. Zohrab und Angelo Mai. Mailand 1818; von Petermann bei Schoene; vgl. Niebuhr, Kl. Schr. I, S. 179. Ein syrischer Auszug übers. von Roediger bei Schoene II, p. 200–219. Vgl. ferner v. Gutschmid, De temporum notis quibus Eusebius utitur. Kiel 1868 und Untersuchungen über die syrischen Epitome des Eusebischen Kanons. Stuttgart 1886. — S. 152 einzuschieben: 15 a) Heliodor hat in seinen noch erhaltenen Aethiopica manche, besonders für die Kulturzustände Ägyptens zur Zeit der römischen Kaiser wichtige Schilderungen hinterlassen. Nach den Schlufsworten der Erzählung wäre ihr Verfasser ein Sohn des Theodosius aus Emesa (Photius, cod. 73 Aminda); und nach Sokrates (Hist. eccl. V, 22, p. 235) hatte er am Ende des 4. Jahrhunderts den Bischofssitz von Trikka in Thessalien inne. Nach Nicephorus (Hist. eccl. XII, 34) mufste er wegen des Romans auf seine Stelle verzichten, doch sind alle diese Angaben unwahrscheinlich. Rohde, Der griech. Roman, S. 424—467 hat vielmehr mit grofser Sicherheit die heidnische Religion des Autors erwiesen, ihn den sophistischen Romanschriftstellern zugesellt und in die zweite Hälfte des 3. Jahrhunderts n. Chr. gesetzt. — Z. 22. v. Gutschmid in Schoenes Euseb. I app., p. 242. — Z. 41. Baumgarten, De Christodoro poeta Thebano. Bonn 1881. — S. 153, Z. 6. Graesse II, 1, p. 668 sq. — Z. 12. Müller IV, p. 536; Fabricius, Bibl. Graeca ed. Harless VII, p. 447; v. Gutschmid, Grenzboten 1863 I, S. 345; Frick, Zur Kritik des J. Malalas in Hist. Aufsätze, E. Curtius gewidmet. Berlin 1884; Koecher, De Joanne Antiocheno, p. 6; Mommsen, Hermes VI, p. 381. — Z. 18. Dindorf, Jahrb. f. klass. Alt. 1869, S. 119. Sotiriadis, Jahrb. f. klass. Philol. Suppl. XVI, 1 ff. — 4 a) Johannes, Bischof von Nikiu in Ägypten verfaſste gegen Ende des 7. Jahrhunderts n. Chr. eine griechische Chronik, von welcher die äthiopische Bearbeitung einer arabischen Übersetzung erhalten ist. Derselbe behandelte in euhemeristischer Weise die Geschichte des Nilthals in der mythischen Zeit und führte dieselbe bis zur arabischen Eroberung herab. Litteratur: Zotenberg, Journ. asiat. VII Ser. X (1877), p. 451 sqq. — Z. 20. Ideler, Chronol. II, p. 350. 462; Clinton, Fasti Romani II, p. 209. — Z. 25. Ideler, Chronol. II, p. 452. 455; Clinton, Fasti Rom. I, p. 381; II, p. 335. — S. 154, Z. 20. Eine Art neue Auflage des Königsbuchs bildet Brugsch und Bouriant, Le livre des rois. I. Cairo 1887. — A. 5, Z. 2 l. London 1854—1867. — S. 155, Z. 18 nach 1879 l. neue Auflage. London 1883. — Z. 31 nach Schrift l. Dann bricht das Werk ab und wird von E. Meyer fortgesetzt, welcher nach einer nochmaligen Einleitung die eigentliche Geschichte behandelte. Vgl. dazu Meyer, Gesch. d. Alt I. Stuttgart 1884. — A. 4. Den Anfang einer 2. Aufl. Leipzig 1875. — A. 5. 2. Aufl. 1881; russische Übersetzung von Wlastow. St. Petersburg 1880. — S. 156, Z. 11 nach Auflage l. 1878 (5. Auflage). — Z. 19. Eine geistvolle Übersicht der ägyptischen Geschichte gab Ranke, Weltgeschichte I. Leipzig 1881. Mehr populär und besonders für den Schulgebrauch schrieb Welzhofer, Allgemeine Geschichte des Altertums I. Gotha 1886. — Z. 22. Neue wesentlich verbesserte und bereicherte Auflage des Originals 1886. — Z. 33 statt Histoire e. c. l. Manuel de l'histoire ancienne de l'Orient. 2 vols. Paris 1868. — A. 2. Weit kürzer ist Wilson, The Egypt of the Past. London 1881. — S. 159, Z. 23. Dies gilt auch gegenüber Meyer, Gesch. Ägypt., S. 43 ff.

S. 161, A. 1. Funde von Heluan bei Schweinfurth, Zeitschr. f. Ethnol. XVII, S. 406 f., vgl. 128 ff.; XVI, S. 560; R. Virchow l. c. XVII, p. 302; Jagor l. c. XIV, p. 560; Ebers, Cicerone II, p. 129. — A. 2. Haynes, Discovery of flint implements in Upper Egypt in Mem. of the Amer. Acad. 1881. Weitere vom Isthmus von Suez und dem Fayûm Schweinfurth, Zeitschr. f. Ethnol. XVIII, S. 646 ff. — A. 3, Z. 1. Vgl. auch Mariette, Rec. de trav. rel. e. c. VII, p. 132 sqq.; Comptes rend. de l'Ac. d. Inscr. IV Ser. XI, p. 567 sq. Für eine ägypt. Steinzeit ist dagegen Andrée, Globus XLI, S. 169 ff. 185 f. Vorsichtig sprach sich Mantey, Zeitschr. f. Ethnol. XI, S. 351 ff. aus. Zur Vorsicht gegen Mooks Angaben riet Reil a. a. O., S. 353. — S. 163, A. 2. Sayce, Proc. XV, p. 171—178. Der Gott von This war Anher, nicht Osiris, wie oft behauptet worden ist. — A. 3. Für das

Alter von Memphis vgl. Wiedemann, Proc. 3 Mai 1887, p. 185 sqq. gegen Erman, Ägypt. I, S. 243 und Meyer, Gesch. Ägypt., S. 57. Nach Strabo XVII, p. 808 lag Memphis 40 Stadien von den grofsen Pyramiden, der Ptahtempel (Mitraheni) ist gegen drei Meilen von hier entfernt. Die Erwähnungen der Ruinen im Mittelalter u. a. gesammelt von Niebuhr, Reiseb. nach Arabien I, S. 101 ff. — **S. 164, A. 2.** Vgl. Lepsius, Chron. I, p 173 sq. — **A. 5.** Diodors Mneuis hielt Bunsen, Ägypt. Stelle II, S. 49 für Miabies, Uhlemann, Ägypt. Alt.-Kunde III, S. 90 für einen Privatmann, Lepsius, Chron., S. 50. 161 mit Recht für Menes. — **A. 6.** Der Apiskult zuerst erwähnt L. D. II, 37 b, l. 14; dann auch in funerären Texten (Pyr. des Unas l. 424). — **A. 7.** Plinius nennt den König Menon. — **S. 165, Z. 2** statt gegen die Libyer l. gegen ein ausländisches Volk, worunter jedenfalls die Libyer, die später als abgefallen erwähnt werden, gemeint sind. — **A. 4.** Gleichfalls späterer Zeit gehört der Prophet des Menes Seneb-f an (L. D. III, 276 b). — **A. 5.** Ferner in Samml. Stroganoff (Nr. 496—499); Port de Hall in Brüssel (Kraus, Jahrb. d. Ver. v. Alt. fr. im Rheinl. L, S. 247 f.). Vgl. Wiedemann, Actes du Congr. intern. des Orient. Leiden. IV, p. 159—164. — **S. 166, A. 1.** Ebers, Ägypt. II, S. 287. — **A. 2.** Stern, Ägypt. Zeitschr. 1885, S. 90 folgt Lepsius ohne ihn zu nennen. — **A. 3.** Stern, Ägypt. Zeitschr. 1885, S. 89 und Meyer, Gesch. Ägypt., S. 26 (Gesch. d. Alt. I, S. 90 erklärt er sie für der 1. Dynastie angehörig) halten Schesch, da sie nicht Königin und Gemahlin des Menes genannt werde, für die Mutter des Tetȧ der 6. Dynastie, allein da Tetȧ I. als Mediziner gilt und es sich hier überhaupt nur um Sage handelt, so ist doch wohl die Frau der 1. Dynastie zuzuweisen. — **S. 167, A. 1.** Bunsen, Ägypt. Stelle I Fontispice; der Königsname Lepsius, Königsb.. Nr. 765. Vgl. Perrot, Gesch. d. Kunst, S. 757 und dazu Pietschmann, S. 886 f. Die Thür setzt Stern, Ägypt. Zeitschr. 1885, S. 91 mit Recht in die 26. Dynastie. Maspero, Arch. ég., p. 257 dagegen in das alte Reich. Eine Königin Nub ist bei Saqqarah begraben (Mariette, Mastaba, p. 225—226). — **A. 5, Z. 3.** Naville, Totenbuch der 18.—20. Dynastie II, pl. 139. — **S. 170, Z. 3.** Basrelief von Aix publ. Wiedemann, Proc. 3 Mai 1887, p. 180. — **Z. 10** nach Posno l. jetzt in Berlin (Jahrb. d. Königl. Preufs. Kunstsamml. IV, Sp. LXVIII). — **Z. 24** statt Thot-ḥetep l. des Chut-ḥetep, des Seker-chā-ba-u, des Ḥesī und eines ungenannten (publ. Mariette, Mastaba, p. 68—86). — **Z. 25.** Statuen des Sepa publ. Magazin pittoresque, pl. 30, ungenau bei Perrot, S. 577, die Inschrift Pierret, Rec. d'Inscr. II, p. 75. — **A. 1.** Meyer, Gesch. Ägypt., S. 93. — **A. 2.** Maspero, p. 213. 31 sqq.; der Holzstock des Mannes ist in Bulaq (Maspero,

p. 220); sein Grab in Saqqarah (Mariette, Mastaba, p. 92—94). In ihm erscheint auch der Priester des Per-âb-sen Ânkef und der des Sent Ḥesî. — A. 3 statt 31 l. 251. — A. 7. Revue scientif. II Ser. XV, p. 816, Guide, p. 213, Hist. anc., p. 47. Arch. ég., p. 200 setzt Maspero die Monumente, doch kaum mit Recht in die 5—6. Dynastie. — S. 171, Z. 4. Vgl. zu der Notiz Lepsius, Ägypt. Zeitschr. 1871, S. 52 ff. und Stern a. a. O. 1885, S. 91. — Z. 19. Sp. Abydos 8 einzuschieben Set'es. — S. 172, Z. 18. In saitische Zeit gehört der Prophet des Königs Seneb-f (L. D. III, 276 c); sein Baumeister Im-ḥetep erscheint L. D. III, 275 b. — A. 2. Goodwin, Frasers Magazine 1865, p. 185 sqq.; Maspero, Contes pop., p. 175 sqq. — A. 3. Ferner in Samml. Sayce mit dem Namen Neb-ka. — S. 173, Z. 2 statt Seruris l. Sephuris. — Z. 10. Hervorzuheben ist noch, dafs Petrie (Pyr., p. 55. 62) in den Ruinen einer Pyramide zu Abu-Roasch ein Kartouchenfragment im Stil der 4. Dynastie fand, welches mit Ra-men ..... begann; Meyer, Gesch. Ägypt., S. 99. 140 setzt den betreffenden König in die 8. Dynastie. — S. 175, A. 2. Vgl. Mariette, Mastaba, p. 565. Da das Alter der Königin nicht angegeben wird, lassen sich keine Schlüsse auf die Regierungsdauer des Cheops aus den Grabinschriften ziehen, wie dies Meyer, Gesch. d. Alt I, S. 93 und Gesch Ägypt., S. 111 versucht hat. — A. 5. Reproduziert Meyer, Gesch. Ägypt., S. 103. — A. 6. Letzterer Text bereits Niebuhr, Reisebesch. nach Arabien, pl. 46. — S. 176. Z. 4. Maspero, Academy 26 Apr. 1884, p. 302; Guide, p. 221; Arch. ég., p. 136; Bull. de l'Inst. Egypt. II Ser. nr. 6, p. 7 sq. will eine Inschrift gefunden haben, aus der hervorginge, dafs die Pyramide Snefrus bei Daschûr lag; die von Meydum weist er der 12. Dynastie (Amenemḥâ II.?) zu. Meyer, Gesch. Ägypt., S. 102 hält die sogen. Knickpyramide von Daschûr und die südlich davon liegende kleinere Pyramide für die zwei in den Texten auftretenden Pyramiden des Snefru Jedenfalls hat sich in Gräbern bei Daschûr neben dem Namen des Chafra und dem in einem Domänennamen auftretenden des Saḥura auch der des Snefru gefunden (Maspero, Bull. de l'Inst. Eg. II Ser. nr. 6, p. 37). — Z. 16. Nach einem arabischen, von Macrizi citierten Autor hätte die Pyramide von Meydum damals fünf Stufen gehabt. — A. 1. Eine zweite Statue des Mannes ist in Wien (v. Bergmann, Rec. de trav. rel. e. c. VII, p. 179). — A. 2. Beschreibung der Gräber Mariette, Mastaba, p. 468—487. — A. 3. Mariette, Mon. div., pl. 20; Perrot, Aegypt., pl. 9; Ebers, Ägypt. II, S. 52. 59; Cicerone II, S. 33; Mariette, Mastaba, p. 487; Kayser, Ägypt., S. 86; Meyer, Gesch. Ägypt., S. 122 f. Inschriften aus dem Grabe Mariette, Mon. div., pl. 17—20. Bericht über die Entdeckung von Daninos, Rec. de trav. rel. e. c. VIII,

p. 69 sqq. Vgl. Maspero, Guide, p. 221; derselbe setzt das Grab neuerdings in die 12. Dynastie. — A. 4. Ebers, Cicerone II, p. 36; Maspero, Guide, p. 205. — A. 5. Vgl. Mariette, Mastaba, p. 530 sqq.; de Rougé, Mem. sur les 6 prem. dyn., p. 258; Lieblein, Nr. 1. — S. 177, Z. 6. Das Festregister besprachen de Rougé, Rech., p. 304; Eisenlohr, Ägypt. Zeitschr. 1885, S. 58; Wiedemann a. a. O., S. 77 f. — Z. 12. An der Pyramide des Snefru war in der 5. Dynastie Āp-em-ānch Priester (Grab in Saqqarah, Mariette, Mastaba, p. 196 sqq.). Auch der Sarkophag des Im-ḥetep im Louvre erwähnt seinen Kult (D. 12; Pierret, Rec. d'Inscr. II, p. 16). Im Grabe des Per-sen zu Saqqarah (Mariette, Mastaba, p. 299—301) heifst eine Domäne nach dem Herrscher, und noch zur Zeit der 6. Dynastie hiefs ein hoher Beamter und dessen Sohn nach ihm Snefru-nefer (l. c., p. 394—398). — Z. 16. Ein kleiner Vasendeckel mit seinem Namen ist in Bulaq (Maspero, p. 87). — Z. 20. Nach dem Berliner Märchenpapyrus war Chufu ein Sohn des Snefru. — A. 1. Eine Statue des Mannes in Berlin (L. D. II, 120 a b; III, 288, 1). — A. 3. Maspero, p. 307. — A. 5. Lieblein, Nr. 1055 — A. 8. Ein in Gizeh gefundenes Bruchstück einer Dioritschale mit dem Kartouchenende .... nefer gehört wohl Snefru an (Petrie, Pyr., p. 63). — S. 178, Z. 6. In Tanis nennt eine Festliste den Namen des Chufu (Mifs Edwards, Harpers New Monthly Mag. Okt. 1886, p. 712). — A. 5. Maspero, p. 207; Brugsch, Hist. d'Eg. I², p. 57. Die Stele ward in den Ruinen eines kleinen Tempels im Osten der grofsen Pyramide entdeckt (Mariette, Le Serapeum ed. Maspero I, p. 99). Petrie, Pyr., p. 49. 65 sq., hält dieselbe fälschlich für eine wertlose Fälschung aus der 21. Dynastie. — A. 7. Biographie des Chnum-ḥetep, l. 20. 31. 56. 79. — A. 8, Z. 2 statt Vyse bis Luftgange l. „Hill in der Nähe des Einganges des südlichen Luftkanals (Vyse, Pyr. I, p. 275 sq.).“ — S. 179, Z. 19. Für den Block vgl. Petrie, Pyr., p. 90 sq. — A. 1. Vyse, Pyr. I, pl. zu p. 279 u. p. 281, Text, p. 279 sqq — A. 2, Z. 2 statt 1763 l. 1764. — Die ältere Litteratur über die Pyramiden in Exzerpten bei Vyse, Pyr. II, p. 179—368. Mauerinschriften mittelalterlicher Reisenden von 1501—1791 bei Mariette, Mastaba, p. 586. 590—591. Neueste Arbeit Petrie, The Pyramids of Gizeh, London 1883; 2. Aufl. 1885. — S. 180, Z. 18. Schiaparelli, Il significato delle Piramide in Atti della Ac. dei Lincei CCLXXXI, erklärt sie für Weihgeschenke an die Sonne, ebenso wie im vorigen Jahrhundert Pauw. Forchhammer de Pyramidibus, Kiel 1837 für Wasserwerke! Wake, The origin of the Great Pyramid. 1883 die des Cheops für einen Tempel des Seth. — A. 2. Corp. Inscr. Lat. III, nr. 21. — Cyriacus (1440), Itinerarium, Florenz 1742 berichtet, er habe auf der Spitze der grofsen Pyramide ein Epigramm in phönikischen Buchstaben gesehen. Die Behauptung Philos, die Bekleidung des Baus habe aus verschiedenfarbigen Steinen bestanden, ist trotz Perrot, Ägypt., S. 222 ff. völlig wertlos.

S. 181, Z. 4. Etwas abweichend erklärt den Pyramidenbau Perrot, Ägypt., S. 201 ff., dem mit Recht Ebers, Cicerone I, S. 133 f. entgegengetreten ist, und Maspero, Arch. ég., p. 125 sqq. Vgl. ferner Petrie, Pyr., p. 68 sqq. Für den Pyramidenmörtel vgl. Vyse, Pyr. I, p. 160. — **S. 183, A. 1.** Vgl. dazu Petrie, Pyr., p. 72 sq. — **S. 185, Z. 4.** Priester an der Pyramide waren ferner Tentä (Grab in Saqqarah. Mariette, Mast., p. 87—89); Snefru-chā-f (s. Handb., S. 176); die Ḥetep-ḥer-s (Mariette, p. 90—91); des Königs selbst in der 5. Dynastie Āp-em-änch (Grab in Saqqarah; Mariette, p. 198). — **A. 2.** Mariette, p. 519 sqq. — **A. 4.** Vyse, Pyr. II, p. 7 sq. 27; Champ. Not. II, p. 482. Es ist dies das sogen. Tomb of Trades. — **A. 5.** Vgl. Mariette, p. 489 sqq. — **A. 9.** Ebers, Ägypt. II, S. 287. — **A. 11.** Samml. Stroganoff einer (Nr. 1). — **A. 12.** Das Fragment einer Dioritschale mit dem Thronnamen des Herrschers fand Petrie zu Gizeh (Petrie, Pyr., p. 63). — **S. 186, Z. 10.** Ein Priester Chufu-scheṭ-u erscheint in einem Grab der 5. Dynastie zu Saqqarah (Mariette, p. 181). — **Z. 12.** Der Versuch Robious, Rec. de trav. rel. e. c. I, p. 138 sq. Ra-ṭeṭ-f mit dem Suphis II. Manethos und dem Chnum-Chufu, dem zweiten Namen des Chufu, zu identifizieren, ist nicht gelungen. — **A. 8.** Der Altar eines ähnlich genannten Priesters Chufu-ḥetep-k aus dem alten Reiche fand sich in Saqqarah (Mariette, p. 439). — **A. 12.** Vgl. Mariette, p. 562 sqq. — **A. 14.** Maspero, p. 223; ungenaue Abbildung bei Perrot, Ägypt., S. 183 f. — **A. 17.** Vgl. Mariette, p. 564 sq. — **S. 187, Z. 1.** Das Grab des Persen bei Mariette, p. 299—301. — **Z. 7.** Der Berliner Märchenpapyrus erklärt Chafra für einen Sohn des Chufu. — **Z. 16.** Dies und ein weiteres Fragment erwähnt von Petrie, Pyr., p. 63. Zu Pocockes Zeit war der Tempel noch recht gut erhalten. — **Z. 25.** Ebers, Cicerone I, S. 145 läfst die Sphinx von Chafra vollendet werden. Maspero, Arch. ég., p. 199 hielt sie für älter als Menes. Petrie, Pyr., p. 66 und Meyer, Ägypt. S. 112 setzten sie etwa in die 12. Dynastie, jedenfalls mit Unrecht. — **A. 7.** Für den Plan des Baus vgl. Petrie, Pyr., p. 43 sqq., pl. 3; Maspero, Arch. ég., p. 63 sq.; Ebers, Cicerone I, S. 143 f.; Perrot, Ägypt., S. 311 sqq. Für Mariettes Ausgrabungen Mariette, Le Serapeum ed. Maspero I, p. 91 sqq, Petrie hat nachgewiesen, dafs der Bau in inniger Verbindung zu dem Tempel Chephrens vor der zweiten Pyramide, zu dem von ihm aus ein Dammweg führte, stand, und schliefst daraus, dafs beide aus der gleichen Zeit stammten. Allein, die Verbindung erfolgt durch einen schief laufenden Gang, der den Bau in einer Ecke verläfst, was gewifs nicht ursprünglich beabsichtigt war; ebenso wenig wie der Umstand, dafs der sogen. Sphinxtempel gar keinen ordentlichen Eingang hat. Vermutlich war der Bau schon vorhanden, als Chephren baute. Dieser liefs den alten Eingang vermauern, statt dessen den Verbindungsgang mit seiner Pyramide anlegen und seine Statuen in dem Bau aufstellen. — **S. 188, A. 2.** Vyse, Pyr. III, p. 118sq. Für die Ansichten im 16. Jahrhundert über die Sphinx vgl. Zeitschr. f. Museologie. Juni 1883, S. 83f. — **A. 7.** Für den von Vansleb erwähnten Schacht vgl. Mariette, Athenaeum franç 1854, p. 83; 1855, p. 392. — **S. 189, A. 1.** Maspero, p. 75. 217. Publ. Wagnon, Sculpture antique, pl 5; Perrot, Ägypt., S. 611; Ebers, Ägypt. I, S. 172; Meyer, Gesch. Ägypt., S. 120f. — **S. 190, Z. 12.** Priester an der Pyramide war ferner Āp-em-ānch (Mariette, p. 198). Domänen mit seinem Namen finden sich im Grabe des Ptaḥ-āses (6. Dynastie. Mariette, p. 383), dem des Nub-ḥetep zu Gizeh (l. c., p. 549) und einem schlecht erhaltenen, in dem der Eigentümer-Namen zerstört ist, ebendort (l. c., p. 546sq.). Einen langen Architrav mit der Kartouche des Chafra fand Maspero in einer Pyramide zu Lischt verbaut (Maspero, Bull. de l'Inst. Eg. II Ser., Nr. 6, p. 6; Arch. ég., p. 88). — **A. 2.** Ein Stück aus dem Grabe ist in London, Nr. 157. Vgl. Lieblein, Nr. 10—11. — **A. 3.** Vgl. Mariette, p. 567—571. — **A. 5.** Grab in Saqqarah (Mariette, p. 242—249). — **A. 7.** Mariette, p. 182—183. — **A. 9.** Mariette, p. 549. — **A. 10.** Es ist dies das sogen. Tomb of numbers. Vgl. Vyse, Pyr. II, p. 98.

S. 191, Z. 24. Eröffnet ward die Pyramide nach Idrisi (623 d. H.) kurz vor seiner Zeit. Man fand im Sarge Reste der Mumie und einige goldene Tafeln mit Zeichen, die niemand verstand (die Stelle bei Vyse, Pyr. II, p. 71); aus dieser Zeit stammen verschiedene arabische Grafiti in dem Bau (Vyse l. c., p. 83. 85. 89). — **A. 1.** Vgl. Naville, Totenbuch II, pl. 139. — **A. 2.** Naville, Totenbuch II, pl. 99. Die Stelle übersetzt z. B. Brugsch, Hist. d'Eg. I^2, p. 59sq. Nach dem Papyrus Nebseni fand (vgl. Naville a. a. O., Einl., S. 32) der Prinz auch das Kap. 137 A. des Totenbuchs. — **S. 192, A. 1.** Neben den Holzfragmenten entdeckte man Mumienstücke und Reste wollener (?) Mumienbinden; die Knochen sind jetzt in London (Vyse, Pyr., p. 86. 97). Vgl. ferner Perrot, Ägypt., S. 463; Ebers, Ägypt. I, S. 170. — **S. 193, Z. 10.** Zwei weitere Priester Āp-em-ānch und Chem-ḥen nennt ein Grab in Saqqarah (Mariette, p. 198sqq.); bei ersterem wird einmal bemerkt, er sei Priester an der Pyramide Neter des Mykerinos gewesen. — **A. 1.** Vyse, Pyr. II, p. 48. — **A. 3.** Ein Skarabäus zu Bulaq stammt aus Tanis (Maspero, p. 87). Ein Skarabäus mit dem Namen des Königs fand sich in Cypern (Cesnola, Salaminia, p. 137 sq.); auch in Naucratis gab es ähnliche Stücke (Petrie, Naucratis, pl. 37, nr. 61—62). — A. 9. Mariette, p. 110—114. 451—454; Brugsch, Hist. I², p. 60 sq. — S. 194, Z. 9 statt Reste bis ka l. Ende eines Namensschildes, welches zweimal hinter einander das Sylbenzeichen ka enthielt (Vyse, Pyr. III, pl. zu p. 63, fig 8). — Z. 11. Andere Blöcke zeigten Opferscenen (Vyse, Pyr. III, pl. zu p. 60. 63). Der Stil der Hieroglyphen ist völlig der des alten Reiches. Petrie, Pyr., p. 65 setzt den König in die 8. Dynastie. — A. 5. Stern, Ägypt. Zeitschr. 1885, S. 93 meint, sicher mit Unrecht, Sasychis und Asychis seien aus Schaschanq (Scheschenk) entstanden. — S. 195, Z. 9. Nach dem Berliner Märchenpapyrus wären die ersten Könige dieser Dynastie Userkaf, Saḥura und Kaka Brüder, Söhne des Priesters des Ra Ra-user gewesen und stammten aus Sachbu (?). — S. 196, Z. 8. Weitere in Saqqarah bestattete Priester an der Pyramide waren Åffå (Mariette, p. 101), Āp-em-ānch (l. c., p. 196 sqq.) und dessen Sohn Chem-ḥen (l. c.), Se-net'em-åb (l. c., p. 258 sq.), Neka-ānch (l. c., p. 310 sq.), Rā-en-ka-u (l. c. p. 313), Sennu-ānch (l. c., p. 316—321; er nennt sich Prophet des Userkaf-Osiris. In dem Grabe finden sich Reste seines Vertrages mit den ḥen-ka über Totenopfer). Ein in Saqqarah verbauter Block nennt nur den Titel, nicht den Namen des Priesters (l. c., p. 445). Im Grabe des Prinzen Safech-nefer-Sem-nefer in Saqqarah (l. c., p. 405—410, 6. Dynastie) heifst ein Priester nach dem Könige User-ka-f-chā-f, und im Grab des Se-net'em-åb zu Gizeh heifst eine Domäne nach ihm (l. c., p. 508). — A. 2. Pläne bei Mariette, p. 370 sqq. — A. 3. Das Grab des Mannes ist bei Saqqarah (l. c., p. 314 sq.). — A. 4. Grab in Saqqarah (l. c., p. 311 sq.); ein Sohn des Mannes hiefs nach dem Könige Chnum-ḥetep-Userkaf-ānch. — A. 5. Mariette, p. 304—309, in dem Grabe finden sich nach dem König genannte Domänen. — A. 11. Lieblein, Nr. 1217. — S. 197, Z. 3 statt Anch-mā-ka l. Anch-em-āka. Weitere Priester des Königs waren die in Saqqarah begrabenen Āp-em-ānch (Mariette, p. 196 sqq.), Ka-em-nefert (l. c., p. 242—249), Sennu-ānch (l. c., p. 316—321), Nefer-årt-en-f (l. c., p. 324—328). — Z. 6. Ferner das Grab des Sechet-en-ānch, welches der König selbst erbauen liefs (l. c., p. 202—205) und das des Per-sen zu Saqqarah (l. c., p. 299—301). Domänen heifsen nach ihm im Grabe des Se-net'em-åb zu Gizeh (l. c., p. 508 sqq.). — Z. 22. Der Pyramidenkult ferner in Saqqarah erwähnt im Grab des Ka-em-nefert (l. c., p. 242—249). Ptaḥ-en-maā-t (l. c., p. 250), Seṭen-maā-t (l. c., p. 329) und der Kult überhaupt ebenda im Grab des Se-net'em-åb (l. c., p. 258 sq.). — A. 1. Mariette, p. 304—309. — A. 2. l. c., p. 489 sqq. — A. 4. l. c., p. 213—220. — A. 5. l. c., p. 294 sq. —

A. 9. l. c., p. 509. — A. 10. Das Grab l. c., p. 261; die Stele Lieblein, Nr. 23. Ein Priester gleichen Namens erscheint auf der Stele des Rā-ṭua-t zu Saqqarah (Mariette, p. 455 sq.). — A. 12. Mariette, p. 340—348. — S. 198, Z. 8. Statt Āḥtes l. Suḥtes oder Suten Ḥetes. Dies ist nach Wiedemann, Ägypt. Zeitschr. 1885, S. 77 f. die richtige Lesung statt Āḥtes bei de Rougé, Rech., p. 304. Vgl. auch das bei L. D. II, 3 erwähnte ḥā-t suten Ḥeten. — Z. 12 statt Ases-ka-ra l. Nefer-år-ka-ra. — Z. 19. An seiner Pyramide, welche Neter-ba-u hieſs, waren folgende zu Saqqarah bestattete Männer Priester Ra-ānch-em-ā (Mariette, p. 280—284) und Seṭen-maāt (l. c., p. 329), Prophet des Königs selbst nennen sich die ebenda begrabenen Ptaḥ-chā-ba-u (l. c., p. 294 sq.) und Ra-en-ka-u (l. c., p. 313). Aus seiner Zeit stammt ebendort das Grab des Ra-nefer-ānch (l. c., p. 335). — A. 2. Grab in Saqqarah (l. c., p. 294—295). — A. 3. Vgl. Mariette, p. 489 sqq. — A. 8. Ein weiterer in Samml. Stroganoff, Nr. 263. — S. 199, Z. 19. Kam-ret-u (Grab in Saqqarah. Mariette, p. 175—177); Anch-em-āka (Grab ebenda, l. c., p. 213—220). — Statt Kam-nefer-t l. Ka-em-nefert (Grab ebenda, l. c., p. 242—249). — Weitere Priester waren Se-net'em-åb (Grab ebenda, l. c., p. 258—259), Seṭen-maāt (Grab ebenda, l. c., p. 329), Ḥāpi-ṭua (Grab ebenda, l. c., p. 335—339). — Z. 24. Im Grab des Se-net'em-åb zu Gizeh hieſsen Domänen nach dem Könige (l. c., p. 509 sqq.). — A. 1. Mariette, p. 509 sqq. — A. 7. Der König heiſst hier Ra-user. — A. 8. Die Namensform lautet hier Ra-en-user. Vgl. Mariette, p. 585. — A. 9. Mariette, p. 237—241. 331—334; Brugsch, Hist. d'Eg. I², p. 64; Ebers, Cicerone I, p. 155 sqq., Ägypt. I, p. 182 sqq.; Loret, La tombe d'un ancien Egyptien in Ann. du Musée Guimet X. — A. 10. Grab in Saqqarah (Mariette, p. 366). — A. 11. l. c., p. 489 sqq. — A. 13. l. c., p. 294 sq. — In zwei sehr zerstörten Gräbern südlich von den kleinen Pyramiden bei der des Cheops fand Perring die Kartouchen des Ra-en-user (Vyse, Pyr. II, p. 84). — A. 14. Maspero, p. 244. Das Grab des Mannes ist in Saqqarah (Mariette, p. 254 sq.). — S. 200, Z. 9 nach Priester l. ebenso Ra-ānch-em-ā (Grab in Saqqarah, l. c., p. 280—284), Ptaḥ-nefer-årt (Grab ebenda, l. c., p. 322 sq.), Snefru-nefer der Ältere (l. c., p. 394 sq.), Sem-nefer (l. c., p. 398—400), Keṭech-nes (l. c., p. 402—404). — Statt Snefru-nefer l. Atī mit Beinamen Ra-ṭua (Grab in Saqqarah, p. 418 sq.). — A. 4. Pierret, Rec. d'Inscr. II, p. 28; Lieblein, Nr. 432. — A. 5. Reproduziert Meyer, Gesch. Ägypt., S. 45.

S. 201, Z. 2. Grab des Ra-ka-pu in Saqqarah (Mariette, p. 272—279). Weitere in Saqqarah bestattete Priester waren Sem-nefer (l. c., p. 398—400), Åṭusch (l. c., p. 296—297), der Snefru-nefer genannte Vater des erwähnten Snefru-nefer (beide Gräber l. c., p. 394—395. 396—398). — Z. 11. Ebenso das des Ptaḥ-ḥetep, in dem Domainen nach Ra-ṭeṭ-f, Userkaf, Kaka, Saḥura, Ḥor-à-ka-u und Assa heifsen (l. c., p. 351—356). Auch im Grab des Ptaḥ-àses heifsen Domainen nach Assa (6. Dyn. l. c., p. 183). — Z. 14. Ein Amulett in Kartouchenform aus Abusir ist in Bulaq (Maspero, p. 87; Mariette, Mon. div., pl. 32). — A. 1. Seine Stele Mariette, p. 446 sq. Vgl. für ein anderes sehr zerstörtes Grab mit den Kartouchen des Königs Vyse, Pyr. III, p. 86. — A. 2. Der Altar, welcher die Pyramide Nefer des Königs nennt, bei Maspero, p. 430. — A. 3. Grab in Saqqarah, Mariette, p. 421—430. — A. 11. l. c., p. 189—191. — A. 12. Vgl. bis 32 zu streichen. — Ein Skarabäus in Sammlung Stroganoff, Nr. 2. — A. 14. Neue Behandlung von Virey, Etudes sur le pap. Prisse, Paris 1887. — S. 202, A. 1. Der Pap. des Ani publ. Mariette, Pap. de Bulaq. I, pl. 15—23. — A. 2. Nr. 31 bei Lepsius. Vgl. L. D. II, 101—104; eine Haremscene besprochen Lefébure, Et. ded. à Leemans, p. 69 sqq.; Mariette, p. 351—356; Ebers, Cicerone I, p. 160 sqq. Farbige Ornamente Perrot, Aegypt., pl. 13 sq. — S. 203, Z. 36. Auch die Auseinandersetzungen von Meyer, Gesch. Ägypt., S. 131 ff. sind nur Hypothesen, über deren Berechtigung das spärliche Material kein Urteil gestattet. — A. 1. Vgl. Mariette, p. 496—515. — S. 204, Z. 6. Ein Grafito auf Elephantine nennt den Namen des Unas (Petrie, The Academy 26 Maerz 1887, p. 226). — Z. 8 statt Gräber l. Doppelgrab (Mariette, p. 373—385). — Priester war hier ferner Chut-ḥetep (Grab in Saqqarah, l. c., p. 421—430). — Z. 10 Pläne des Mastaba el Faraun l. c., p. 361—365. — Z. 25. Im Grab des Prinzen Safech-nefer-Sem-nefer (6. Dyn. l. c., p. 405—410) heifst ein Priester nach dem Könige Unàs-ānch. — A. 1 l. c., p. 193—195. Dieser Àp-em-ānch war auch Priester an der Pyramide des Unas; er ist nicht identisch mit dem schon öfters erwähnten Manne gleichen Namens. — A. 2. Den Namen dieser Stadt trägt ein Skarabäus in Sammlung Stroganoff. — A. 3. Golenischeff, Hamm., pl. 7. — A. 5. Rec. IV, p. 41—78. Der Bau beschrieben von Maspero, Rec. III, p. 177 sqq. und Bull. de l'Inst. Eg. II Ser., No. 6, p. 8 sqq. — A. 7. Der zweite Skarabäus in Bulaq stammt aus Memphis (Maspero, p. 88). — S. 205, A. 1, Z. 14. Die Arbeit liegt jetzt vollständig vor und giebt Mariettes Notizen genau wieder, doch hat der Herausgeber leider auf eine Sichtung und Ordnung derselben verzichtet, woher sich zahlreiche Wiederholungen, Widersprüche und Irrtümer im Texte erklären. — Für die Anlage der Gräber vgl. Maspero, Arch. ég., p. 109 sqq. — Der Ansicht von Mariette, Maspero, Perrot u. a., die Darstellungen dieser Gräber bezögen sich auf das Jenseits ist Ebers, Cicerone I, S. 132 mit

Recht entgegengetreten. — S. 206, Z. 1 nach der Tabelle: Der Vorname des Tetà war Ra-mer-ka (Stern, Ägypt. Zeitschr. 1885, S. 89). — Z. 8. Die Texte der Pyramide bei Maspero, Rec. de trav. V, p. 1—59. — Z. 14. Bei Saqqarah fand sich das Grab einer Prinzessin Ra-ȧmt (? ḥent?), welche Prophetin an der Pyramide des Unas und Prophetin des Tetà war (Mariette, p. 359—360). Nach einem noch unedierten Fragmente in Berlin stammt der Sarg des Ȧpȧ-ȧnchu (L. D. II. 98 f.) aus der Zeit des Tetà (Meyer, Gesch. Ägypt.. S. 98). — A. 5. Lieblein, Nr. 32. — A. 6. Vgl. Pierret, Rec. d'Inscr. II, p. 76. — S. 207, A. 4. Meyer, Gesch. Ägypt., S. 132 (vorsichtiger Gesch. d. Alt. I, S. 102) hält Ȧti für Manethos Othoes und schreibt sein Fehlen an anderen Stellen den von ihm angenommenen Kämpfen bei der supponierten Thronusurpation der 6. Dynastie zu. — A. 5 nach Hammamât l. in Rev. orient. et Amer. N. S. I. Die Texte auch Golenischeff, Hamm., pl. VII. — A. 6. Maspero, p. 56. — S. 208, Z. 1. Das sehr zerstörte Grab einer Königin Chuȧt, der Mutter eines Chutȧ, befindet sich in Saqqarah (Mariette, p. 207 sq.). — Z. 26. In Bubastis fand sich sein Name in den Ruinen des grofsen Tempels (Mifs Edwards, The Times 1 Juli 1887, p. 3). Ein Grafito auf Elephantine stammt von ihm (Petrie, The Academy. 26 Maerz 1887, p. 226). — A. 2. Lieblein, Nr. 296; Maspero, p. 214. — A. 5. L. D. II, 115 a auch Wilkinson, M. c. C. III, p. 282. — A. 6. Petrie, Tanis, p. 4, wo auch ein zweiter Block. Petries Vermutung, der Block sei nicht von Pepi in Tanis errichtet worden, ist nicht wahrscheinlich. — A. 8. l. Bauurk., pl. 15, l. 39. — A. 10. Brugsch, Hist. d'Eg. I², p. 72. 76. Meyer, Gesch. Ägypt., S. 135) (vgl. dagegen Meyer a. a. O., S. 157 und Gesch. d. Alt. I, S. 103) bezweifelt mit Unrecht die Existenz dieser „Stadt des Pepi". — S. 210, Z. 8. Priester an der Pyramide war ferner Sesȧ (Grab in Saqqarah Mariette, p. 420). Das Grab eines weitern Priesters des Pepi fand Sayce bei dem Orte Scharona gegenüber Minieh (Sayce, The Academy. 21 Febr. 1885, p. 135). — A. 3. Lieblein, Nr. 43. — A. 6. Mariette, p. 456. — A. 10. Vgl. Lauth, Die ägypt. Chronologie gegenüber A. v. Gutschmid, München 1882, S. 260 ff. Die Texte vollständig publiziert Maspero, Rec. de trav. rel. V, p. 157—198; VII, p. 145—176; VIII, p. 87—120.

S. 211, Z. 25. Die Kanopen des Königs bestehen aus Alabaster (Maspero, Arch. ég., p. 240). Ein gelbglasierter Ziegel trägt seinen Vor- und Bannernamen (l. c., p. 256). — A. 2. Bonomi hielt ebenso wie Meyer, Gesch. Ägypt., S. 136 (Gesch. d. Alt. I, S. 71. 84. 103 erklärt dieser sie für alt) die Inschrift für jungen Ursprungs. — A. 4, Z. 3 nach 40 f.: Cat., Nr. 1382, p. 536; Maspero, p. 88). Einer in

Sammlung Stroganoff, Nr. 4. — A. 7. Maspero, p. 86. — A. 8. Beide publ. Wiedemann, Ägypt. Zeitschr. 1885, S. 78. — A. 9. Ein weiteres Fragment in Sammlung Stroganoff, Nr. 6. — S. 212, Z. 12. Ferner Ṭetà, der sich auch Pepiṭeṭà oder Ra-meri-ṭeṭà nennt (Grab zu Saqqarah, Mariette, p. 401 sq.). Ein unbeschädigtes Grab mit drei Sarkophagen, deren einer lange religiöse Texte trug aus derselben Zeit fand sich in Saqqarah (Academy. 26 April 1884, p. 302. Maspero, Mem. de la Miss. arch. franç. au Caire I, 2). — A. 4. Lieblein, Nr. 40. — A. 5. Das sehr zerstörte Grab eines Mannes, dessen Sohn Pepi-seneb hiefs, fand Schiaparelli (Et. ded. à Leemans, p. 88) bei Ekhmin-Panopolis. — A. 10. Auch ein Thor im Magazin zu Bulaq nennt den Namen (Lieblein, Nr. 35); sein Grab ist in Saqqarah (Mariette, p. 416). — A. 11. Lieblein, Nr. 41. — A. 16. Ein Vasendeckel mit dem Namen Pepis aus Keneh ist in Samml. Sayce (publ. Petrie, Tanis, pl. 12, fig. 1). — S. 213, Z. 22. Die Mumie trägt noch die Jugendlocke. Für die Texte vgl. Brugsch, Ägypt. Zeitsch. 1881, S. 1 ff.; Birch, Proc. Soc. Bibl. Arch. III, p. 111 sqq. — A. 6. Meyer, Gesch. Ägypt., S. 138 hält den auf der Stele genannten Mann für den bekannten Unà. — S. 214, Z. 5. Eine Sphinx mit dem Namen in Samml. Larking zu Alexandrien (Wilkinson in Rawlinson, Herodotus II^3, p. 263). — A. 6. Lieblein, Nr. 46. — S. 215, Z. 10. Ferner die Gräber des Gouverneurs des Südens Saben (Budge, Proc. IX, p. 80 sq.; X, p. 17 sqq.) und des Prinzen und Schreibers Nechu (l. c. X, p. 37 sq.); andere mit reichen Inschriften fand Maspero bei dem Mastabat el Faraun. — A. 1. Auch ein Grafito stammt hier von ihm (Petrie, Academy. 26 Maerz 1887, p. 226). — A. 2. Samml. Stroganoff, Nr. 5 einer. — A. 6. Maspero, p. 98. — A. 7. Lieblein, Nr. 39. — A. 9. Brugsch, Hist. d'Eg. I^2, p. 76. Stern, Ägypt. Zeitschr. 1885, S. 92 behauptet mit Unrecht Net-àker-ti sei kein Frauenname und will daher das Fragment 43 des Turiner Texts in die 9—10. Dynastie setzen. — S. 216, A. 1. l. Her. II, 100; cf. 134—135; Strabo XVII, 808. — A. 3. Petrie, Pyr., p. 63 sq. — A. 4. Vgl. auch Stern, Ägypt. Zeitschr. 1885, S. 92. — S. 218, Z. 15. Petrie, Pyr., p. 66 sqq. 52. 89 hat, wohl zunächst durch die Erzählungen Herodots über den Hafs des Volkes gegen die Pyramidenerbauer veranlafst, die Vermutung aufgestellt, die Zerstörungen, welche auf dem Pyramidenfelde die Monumente der Herrscher der 6. Dynastie betroffen hätten, seien der 7—11. Dynastie zuzuschreiben, in denen Revolutionäre den Thron erworben hätten. Meyer, Gesch. Ägypt., S. 142 f. hat diese Hypothese als Thatsache angenommen und erklärt auf Grund der eben erwähnten manethonischen Notiz Achthoes für den Hauptübelthäter; anderseits hält er dann die sogen. Hyksossphinxe (im

Anschlufs an Erman) und die grofse Sphinx von Gizeh für Überreste eben dieser Zeit und Werke der Herakleopoliten. Diese Schlüsse beruhen auf unrichtig aufgefafsten Thatsachen. Die Zerstörungen sind durch die Araber erfolgt, diese fanden, wie ihre Berichte zeigen, die Pyramiden noch in gutem Zustande und die Mumien in ihren Sarkophagen. Erst sie öffneten dieselben, um nach Schätzen zu suchen, ohne jedoch die Leichen systematisch zu zerstören, wie die Funde in den Pyramiden der 6. Dynastie bewiesen haben. Die Inschriften blieben unangetastet, nur in der Pyramide des Pepi ist der Name an einzelnen Stellen in alter Zeit ausgemeifselt worden, was auf einem Usurpationsversuch beruht. Dagegen wurden die Statuen u. s. f. als Götzenbilder von den Arabern zerstört, die alten Ägypter sind von solcher That freizusprechen. — Z. 22. Auch Maspero, Bull. de l'Inst. Eg. II Ser., Nr. 6, p. 30 sqq. giebt nur eine neue Hypothese. — S. 220, A. 1. Golenischeff, Hamm., pl. 7; Lieblein, Handel und Schiffahrt, S. 17 f. — A. 2. Die Stele des Chenemsu publ. v. Bergmann, Rec. de trav. rel. l. c. VII, p. 181 sq., der den auf ihr genannten König in die 13. Dynastie setzt.

S. 221, Z. 2 statt haben [6] l. haben [1]. — Z. 29. Ein Grafito mit seinem Namen findet sich bei El Kab (Petrie, Academy. 26 Maerz 1887, p. 226). — A. 2 publ. Golenischeff, Hamm., pl. 15—17. Vgl. Maspero, Rev. hist. IX, p. 8 sq.; Meyer, Gesch. Ägypt., S. 153 f.; Erman, Äg., S. 669 f.; Lieblein, Handel, S. 20 ff. Brugsch, Hist. d'Eg. I², p. 80 sqq. bezieht den Text auf diesen Se-ânch-ka-ra und p. 124 auf den der 13. Dyn. (Nr. 78). — A. 3 aus Drah abu'l neggah (Maspero, p. 124). — S. 222, A. 1. de Rougé, Rev. arch. 1846, p. 561 sqq. ähnlich Meyer, Gesch. d. Alt. I, S. 106; Gesch. Ägypt., S. 148 f.; Maspero, Bull. de l'Inst. Eg. II Ser. 6, p. 31 sq., doch erscheinen auch die hier vorgebrachten Gründe nicht ausschlaggebend. — S. 223, Z. 21. Ein Grafito auf Elephantine nennt seinen Namen (Petrie, Academy. 26 Maerz 1887, p. 226). — A. 1. Von Brugsch 1854 in einem Magazine entdeckt (Brugsch, Hist. d'Eg. I², p. 79). — A. 3. Zuerst erwähnt von Birch, Rev. arch. I Ser. XVI, 1, p. 269. Eisenlohr, Proc. III, p. 99. — A. 5 hinter Liter. l. III, p. 238. Der Sarg ward von den Arabern im Assasif leicht mit Sand bedeckt, gefunden (vgl. Brugsch, Hist. d'Eg. I², p. 78 sq.). — S. 224, Z. 14. Der Stein von Koptos bei Birch, Rev. arch. I Ser. XVI, 1, p. 267. Auf den Seiten eines kleinen Thrones der Sammlung Lee (Birch l. c.; Leemans, Mon. port. des lég. roy. pl. 28, No. 28) fand sich der Vorname; die Inschriften erklären, der König habe die Bewohner von Sati und die Neger besiegt. — Z. 21. Wohl infolge eines Versehens läfst der Pap. Abbott die im Grabe des An-ântef entdeckte Stele sich in diesem

Grabe befinden. — A. 3. Mariette, Transact. Soc. Bibl. Arch. IV, p. 193; de Rougé, Inscr. 160 sqq. Die Stele ward 1882 von einem Araber zerstört, die Fragmente sind jetzt in Bulaq (Maspero, p. 67). — A. 5 einer in Sammlung Stroganoff, Nr. 8. — S. 225, Z. 5. Ein Grafito mit dem Namen eines Ȧntef findet sich bei El Kab (Petrie, Academy 26 Maerz 1887, p. 226). — A. 2. Die Goodwinsche Übersetzung auch bei Erman, Deutsche Rundsch. XXXI, S. 148; vgl. auch Ebers, Das Alte in Kairo (Aus Nord und Süd 1883), S. 27 f. — S. 226, Z. 7. Ebenso der Sarg des Sebek-ää in Berlin (Nr. 45; vgl. Lepsius, Älteste Texte). — A. 2. Jetzt in Bulaq (Maspero, p. 224). — A. 4. Steindorff, Et. ded. à Leemans, p. 78 sqq. hat versucht, die Entstehung der Särge in die Mitte der 12. Dynastie zu verlegen, doch sind seine nur auf die Eigennamen basierten Gründe nicht schlagende. — A. 7. Lieblein, Nr. 613. — S. 227, Z. 8. Auch eine Thonform trägt den Vornamen (Samml. Stroganoff, Nr. 236). — Z. 17. Die Stele des Amen-ḥer .... publ. Schiaparelli, Cat. I, p. 192. — A. 1. Lieblein, Nr. 259. — A. 2. Mehrere Grafiti mit dem Namen des Königs finden sich bei El Kab und bei Assuan (Petrie, Academy. 26 Maerz 1887, p. 226). — A. 6. Publ. Wiedemann, Proc. 3 Mai 1887, p. 181. — A. 7. Lieblein, Nr. 612. — S. 228, A. 9. L. D. II, 149 g übers. Lieblein, Handel, S. 19. Die Texte L. D. II, 149 c—f auch bei Golenischeff, Hamm., pl. 10—14. — S. 229, Z. 20. In einem Grabmal zu Saqqarah hat ein Mentuḥetep seinen Namen über den Pepi I. setzen lassen (Maspero, Bull. de l'Inst. Eg. II Ser. 6, p. 40). — A. 1 übers. Lieblein, Handel, S. 18 f. — A. 2. Der in Bulaq stammt aus Drah abu'l Neggah (Maspero, p. 88); ein weiterer ist in Samml. Stroganoff, Nr. 7. — A. 4. Golenischeff, Hamm., pl. XVII, 2. — S. 230, A. 1. Abbildung in Grote, Allgemeine Weltgesch. II, S. 54; Schorers Familienblatt VI, S. 784; Meyer, Gesch. Ägypt., S. 149.

S. 233, Nr. 5. Statt 43 l. 44. — S. 234, A. 1. Vgl. Graf Schack, Die Unterweisungen des Königs Amenemḥāt I, Paris 1883. — S. 235, Z. 19. Bei Tanis findet sich auch eine von Mer-en-ptah usurpierte zerbrochene Statue des Herrschers (Petrie, Tanis, p. 4 sq.; Miſs Edwards, Harpers New Monthly, Okt. 1886, p. 716 sq., wo auch ein Bild des Kopfes des Königs, dessen Namen hier besonders schön gearbeitete Lotossäulen aus Granit tragen). Bei Tell el Qirqafah bei Fakus lieſs er einen Tempel errichten, den Usertesen III. restaurierte (Naville, Goshen, pl. 9 a; Maspero, Ägypt. Zeitschr. 1885, S. 12). — S. 236, Z. 9. Ein Grafito auf Elephantine stammt von ihm (Petrie, Academy. 26 Maerz 1887, p. 226). — Z. 10. Eine bis Z. 13 sei zu streichen. — Z. 22. Eine kleine goldene Stele (Sammlung Stroganoff, Nr. 13) trägt oben den Namen Amen-em-ḥā, während unten Amon und Horus sich befinden. — A. 3. Golenischeff, Hammamât II, 4; VIII (= L. D. II, 118 d). — A. 4 zu streichen. Der Text stammt von Amen-em-ḥā III. — A. 6. Einer fand sich in Tanis (Petrie, Tanis, pl. 12, 1). — A. 8. Eine weitere aus Theben in Samml. Myers, einen dritten erwähnt Champ. Not. du Mus. Charles X, p. 55 im Louvre, derselbe scheint nicht mehr vorhanden zu sein. — A. 9 publ. Leemans, Mon. pl. 64; Ménant, Arch. des miss. scient. III Ser. V, p. 415 sq. — S. 237, Z. 10. Amen-em-ḥā I. starb nach dem neuen Ostrakon des Saneha-Märchens am 7. Paophi seines 30. Regierungsjahres. Begraben ward er in der Pyramide Ka-nefer, an welcher Ḥor, dessen aus dem 9. Jahre Usertesen I. datierte Stele sich im Louvre befindet, Priester war. — A. 2. Lieblein, Nr. 99. — A. 3. Ganz publ. Pierret, Rec. d'Inscr. II, p. 27 sq.: Gayet, Stèles de la 12 dyn., pl. 1. — A. 4. Vgl. Maspero, Contes pop., p. 99 sqq. Wertlos sind die Bemerkungen von Haigh, Ägypt. Zeitschr. 1875, S. 98 ff. Ein Duplikat des Schlusses des Textes enthält das Ostrakon Nr. 5629 in London (publ. Inscr. in the hierat. charact., pl. 23; vgl. Goodwin, Ägypt. Zeitschr. 1872, S. 20 f. und zu Z. 3 Piehl a. a. O. 1885, S. 58 f.; übers. Maspero, Cont. pop., p. 101). Den Anfang des Textes trägt ein aus der Zeit Ramses IV. stammendes, in Theben gefundenes Ostrakon (jetzt in Bulaq, Nr. 27419; publ. Maspero, Mem. de l'Inst. Eg. II, p. 1—23). — S. 240, A. 1. Golenischeffs Übersetzung auch bei Maspero, Cont. pop., p. 137 sqq.

S. 241, A. 3 (publ. Gayet, Stèles, pl. 2; Pierret, Rec. d'Inscr. II, p. 107 sq. (er liest fälschlich Jahr 8); Piehl, Inscr., pl. 2; vgl. Lieblein, Nr. 257. — A. 4. Lieblein, Nr. 102. — A. 5 publ. Pierret, Rec. d'Inscr. II, p. 104 sq.; Gayet, Stèles, pl. 4—5; vgl. Lieblein, Nr. 101; Maspero, Rev. scientif. II Ser. XV, p. 817. — A. 6. Lieblein, Nr. 103. — A. 8. Lieblein, Nr. 104. — S. 242, Z. 4. Vielleicht datiert die Stele des Ȧntef, des Sohnes der Sa-t-Amen im Louvre (C. 167; Pierret, Rec. d'Inscr. II, pl. 61; Gayet, pl. 55) aus seinem 26. Jahre. — Z. 7. Im Wadi Maghara gedenkt eine Stele von seinem 42. Jahre des Kultes des Königs Snefru (Brugsch, Hist. d'Eg. I², p. 91). — A. 1. Gleichfalls einen Fürsten Ȧntef nennt die etwa derselben Zeit entstammende Stele C. 26 im Louvre (Gayet, pl. 14—23; vgl. Maspero, Conférence im Bulletin l. c., p. 382 und Rev. scient., p. 819). — A. 2 publ. Pierret II, p. 67; Gayet, pl. 24; vgl. Lieblein, Nr. 105. — A. 3 publ. Piehl. Le Muséon VI, p. 213 sq.; vgl. Lieblein, Nr. 106. — A. 6. Lieblein, Nr. 108. — A. 7. Lieblein, Nr. 107. — A. 8 publ. auch Champ. Not. II, p. 427—430; Reinisch, Chr. I, pl. 5; vgl. Lieblein, Nr. 109; übers. ganz Maspero, Rec. de trav. rel. e. c. I, p. 171 sqq. — A. 9. Das Monument ist in Florenz, nicht in Neapel, wie Brugsch, Hist. d'Eg. I²,

p. 91 meint, publ. auch Berend, Musée de Florence, p. 51 sq. — A. 11. Petrie, Academy. 15 Maerz 1884, p. 192; Tanis, p. 5; Miss Edwards, Harpers New Monthly Mag. Okt. 1886, p. 719. Beide Statuen usurpierte Merenptah. — Eine kleine Sphinx, welche sich in den Ruinen von Tell el Birkeh bei Fakus fand, scheint seinen Namen zu tragen (Maspero, Ägypt. Zeitschr. 1885, S. 11). — S. 243, A. 1. Past. XII, p. 51; Chabas, Choix de textes, p. 7 sqq. — A. 5. Über Reste von Sphinxen, Inschriften u. s. w. vgl. Pococke, Beschr. des Morgenl. I, Erlangen 1791, S. 37. — A. 6. Vgl. Hittorf, Précis sur les pyramidions, Paris 1837. — A. 7. Vgl. Pococke l. c. I, p. 91. — S. 244, Z. 19 auch bei Sarbut el Chadem (Felix, Notes on Hierogl., p. 5). — Z. 20. Die Schale ist in London, eine weitere in Samml. Sayce. — A. 5. Felix, Notes, p. 5. Der betreffende Teil des Baues ist jetzt fast völlig zerstört, was nach Vyse, Pyr. I, p. 78 eine Folge der Ausgrabungen von Drovetti wäre. — A. 7 jetzt in Bulaq (Maspero, p. 26). — A. 11 einer in Samml. Stroganoff, Nr. 10. — S. 245, Z. 4. Ein kleiner Thoncylinder in Samml. Stroganoff, Nr. 9. Eine Cornalin-Statuette Usertesen I. befand sich im Louvre (Champ. Not. descr. du Mus. Charles X. D, Nr. 14; sie verschwand in den Juli-Tagen 1830, vgl. Perrot, Ägypt., S. 673): in der Inschrift hiefs der König Sohn Amenemḥā I. und der Nofre-A .... tès. — Z. 20. Statue in Wien publ. von Bergmann, Rec. de trav. rel. e. c. VII, p. 179. — A. 12. Lieblein, Nr. 110. — S. 246, Z. 9 statt Mentuḥetep l. Mentu-sa. — Z. 22. Jahr 29 nennt die Stele des Chem-nefer in London (Nr. 22; vgl. Lieblein, Nr. 120). — A. 1. Lieblein, Nr. 113. — A. 2. Lieblein, Nr. 114. — A. 4. Lieblein, Nr. 111. — A. 5. Birch in Bunsen, Egypts place V, p. 724 sq. — A. 6 publ. Gayet, Stèles, pl. 3; vgl. Pierret, Rec. d'Inscr. II, p. 36; Lieblein, Nr. 115. — A. 8. Lieblein, Nr. 117. — A. 11 statt ohne Nr. lies C. 11 (68?), publ. Gayet, pl. 46; vgl. Pierret, Rec. II, p. 57; Lieblein, Nr. 116. — A. 13. Lieblein, Nr. 118. — A. 14. Lieblein, Nr. 119. — S. 247, Z. 16. In Dahdamun bei Fakus fand sich ein Altar, den er Ra, Seb und den neun grofsen Göttern weihte (Maspero, Ägypt. Zeitschr. 1885, S. 12f.); in Tanis ein weiterer Altar (Petrie, Academy. 27 Febr. 1886, p. 154) und das Fragment einer Sandsteinstatue des Herrschers (Griffith l. c. 13 Maerz 1886, p. 189). — A. 1. Da der Name Chnum-ḥetep sich fast nur in der 12. Dynastie findet, so ist es immerhin erwähnenswert, dafs sich ein Skarabäus mit demselben bei Capodimonte am Bolsener See in Italien fand (Helbig, Mitt. des Deutsch. Arch. Inst., Rom. 1, S. 32). — A. 5 publ. ferner Reinisch, Chr. I, pl. 1—4; Champ. Not. II, p. 418—422; Brugsch, Mon. ég., pl. 15—17. Maspero im Rec. l. c. besprach auch die übrigen auf die Familie bezüglichen Texte. Die sogen. protodorischen Säulen in dem Grabe erklärt neuerdings wieder Ebers, Cicerone II, S. 138 ff. für Vorbilder der dorischen. — **A. 6** publ. Birch, Cat. of Alnwick Castle, p. 267 sqq., pl. 3. Vgl. Wilk. Man. I, 45. — **S. 248, Z. 8.** Auch die Stele des Palastvorstehers Snefru in London (Lieblein, Nr. 123). — **Z. 13.** Aus derselben Zeit datiert das Grab des Vorstehers der Soldaten Sa-renpu und das des Ra-nub-chā-u bei Assuan (Budge, Proc. IX, p. 81 sq.; X, p. 30 sqq. 25 sqq.) und vermutlich das des Mechu ebendort (l. c. IX, p. 79 sq.; X, p. 20 sqq). — **A. 8.** Lieblein, Nr. 124. — **A. 11.** Für ihn und seine Familie vgl. Maspero, Rec. de trav. rel. e. c. I, p. 177 sqq. — **A. 13.** Chabas, Mél. égypt. III, 2, p. 103—119; Maspero, Transact. Soc. Bibl. Arch. VII, p. 7—10; Meyer, Gesch. Ägypt., S. 187. Vgl. Lipsius, Briefe, S. 100; Minutoli, Reise zur Oase des Jupiter Amon, S. 238 f.; Nachträge, S. 148 ff.; Atlas, pl. 13. — **S. 249, Z. 8.** Auch die Stele des Sebek-ḥetep zu London (Lieblein, Nr. 127) datiert vom Jahr 6. — **Z. 26.** Seine bis Louvre zu streichen. Eine Kolossalstatue des Herrschers fand sich in Tanis (Petrie, Tanis, p. 6). — **A. 1** publ. Birch, Cat. of Alnwik Castle, p. 267 sqq., pl. 4. — **A. 2.** Piehl, Rec. de trav. IV, p. 119 sq.; Pierret, Rec. d'Inscr. II, p. 63; Gayet, Stèles, pl. 27 bis 28. — **A. 4.** Lieblein, Nr. 128. — **A. 6.** Ebers, Cicerone II, S. 147; Ägypt. II, S. 190; ungenau bei Perrot., Ägypt., S. 153 f. — **A. 10.** Petrie, Tanis, p. 6; Maspero, Guide, p. 25 nennt sie als Gattin Usertesen I. — **S. 250, Z. 3.** Ein Amulett in Kartouchenform aus Drah abu'l Neggah in Bulaq trägt vorn die Vornamen von Usertesen II. und III., hinten die Namen des Āḥmes I. (Maspero, p. 88). — **A. 1** einer in Sammlung Stroganoff, Nr. 11. — **A. 4.** Stern, Ägypt. Zeitschr. 1885, S. 92 f. — **A. 9.** Vgl. ferner Maspero, Arch. ég., p. 29 sqq.

S. 251, Z. 14. Vom Jahre 13 stammt wohl auch die Stele des Usertesen zu London (Nr. 831; Lieblein, Nr. 130). — **A. 1.** Die letztgenannten Inschriften sind jetzt in Bulaq (Maspero, Hist. anc., p. 106). — **A. 4.** Lieblein, Nr. 131. — **A. 5.** Z. T. übers. Brugsch, Hist. d'Eg. I², p. 104. — **A. 6** citiert Lieblein, Nr. 132. — **A. 7.** Die betreffende Stele ist in Berlin; vgl. Brugsch, Erkl. Verz., S. 66. — **A. 8.** Stern, Ägypt. Zeitschr. 1885, S. 93 erklärt ohne Grund die Angabe für falsch. — **S. 252, Z. 5.** Zwei seiner Statuen fanden sich in Tell Nebescheh (Petrie, Academy. 14 Juni 1884, p. 428, l. c. 25 Dez. 1886, p. 434; 4th. Rep. of Eg. expl. fund, p. 15). Den von Amenemḥāt I. bei Fakus angelegten Tempel restaurierte er (Maspero, Ägypt. Zeitschr. 1885, S. 12; Naville, Goshen, pl. 9 a). In Bubastis war er am grofsen Tempel thätig (Miss Edwards, Times. 1 Juli 1887, p. 3). — **A. 3.** Petrie, Tanis, p. 6; Mariette, Rec. de trav. e. c. IX, p. 10. — **A. 14.** Lieblein, Nr. 129. —

S. 253, Z. 6. In der Felsengrotte von Ellesîch adoriert ihn Tutmes III. (L. D. III, 45 d), in Kummeh aufserdem Amenophis II. (L. D. III, 64 b. 67 a—b), in Amada weihte ihm auch Tutmes IV. eine Inschrift (L. D. III, 69 g). — A. 1. Die hier genannte Königin Mer-seker (L. D. III, 55 a; vgl. Königsbuch, Nr. 353) ist wohl die Gattin Usertesen III. — S. 254, A. 3 publ. Gayet, pl. 8—9; vgl. Pierret II, p. 52 sq. — A. 7. Golenischeff, Hamm., pl. X, 2. — A. 9. Einem Mentu-sa, dessen Sohn gleichen Namens vielleicht der genannte ist, gehört die Stele Nr. 828 zu London an. Derselbe war unter Amenemhā I. geboren und unter Usertesen I. Beamter (Lieblein, Nr. 112). — A. 13 (= Golenischeff, Hammamât IX, 1—2); weiterer hierher gehöriger Text Gol. l. c. IV, 1. — A. 15. Lieblein, Nr. 140. — A. 17 publ. Wiedemann, Proc. 5 Juni 1885, p. 179 sqq. — S. 255, Z. 8. Im Jahre 43 liefs der König in Turra einen Steinbruch eröffnen (Stele von Turra bei Vyse, Pyr. III, pl. zu p. 94; L. D. II, 143 i, wo jedoch das Datum fehlt). — A. 3. Auch die Stele des Âsâ zu Wien (Nr. 100; publ. von Bergmann, Rec. de trav. c. c. IX, p. 33) gehört wohl hierher. — S. 256, Z. 9. Mit Unrecht leugnet Maspero, Arch., p. 38 sq. seine Existenz und meint Erman, Ägypt., S. 47 ein ägyptischer König habe eine Schlucht, die den Felsriegel zwischen Nilthal und Fayum durchsetzte, vertieft und einen alten Stromarm in das Fayum geleitet, wodurch diese ehemals wüste Einsenkung fruchtbar geworden sei. — A. 5. Nach der Gemara wäre Joseph im Nil oder im königlichen Mausoleum bestattet worden. Vgl. hierfür und für die wunderbare Wegschaffung seines Sarges aus Ägypten Wagenseil, Sota, p. 296 sqq. und Jarchi, Comm. ad Pentateuchum Exod. 32, 4. — S. 257, A. 1. Für Whitehouse vgl. Amélineau, Rev. des quest. hist. XVIII, p. 577 sqq.; Lauth, Ausland LVI, 687 ff. Soc. Khed. de géogr. Caire. 20 Apr. 1883; van Nostrands Engineering Magazine Nov. 1884, p. 402—406; Athenaeum 29 Aug. 1885, p. 274 sq.; Schweinfurth in L'Exploration XV, No. 330. Zur Sache besonders Schweinfurth, Zeitschr. d. Gesellsch. f. Erdkunde XXI, S. 96. — S. 258, A. 1. Pleyte, Over drie handschriften in Letterk. Verh. der Akad. te Amsterdam XVI und eine Art Nachtrag dazu von Whitehouse, Et. ded. à Leemans, p. 83 sq. — S. 259, Z. 17. In Texten der späten Ptolemäer und römischen Kaiserzeit aus Arsinoe erscheint ein Gott Petesuchos, den Wilcken, der die Texte publizierte (Ägypt. Zeitschr. 1884, S. 136 ff.; die hier erwähnte griechische Steininschrift ist nach Stern a. a. O. 1885, S. 94 im Besitz von C. Stier in Boulogne) für den Beinamen eines vergötterten Königs hält. — S. 260, Z. 8. Nach Vasalli, Rec. de trav. c. c. V, p. 37 sqq. wären Lepsius Kammern nichts als Reste elender Dörfer. Jedenfalls verdiente die Frage, in der sich Ebers,

Cicerone II, S. 131 neuerdings für Lepsius ausgesprochen hat, eine gründliche Untersuchung. — **A. 6,** ebenda eine zweite (vgl. Reinisch, Ägypt. Denkm., pl. 29, S. 230).

S. 261, Z. 2. Eine Thonperle in Samml. Stroganoff, Nr. 439. — **Z. 10.** Ferner die des Ankef in London (Lieblein, Nr. 147) und des Vorstehers der Propheten Ḥeka in Stockholm (l. c., No. 151). — **A. 1** einer in Samml. Stroganoff, Nr. 14. Die in Naucratis (Petrie, Naucratis, pl. 37, Nr. 96—97) auftretenden Skarabäen mit Ra-en-maā-āb sind wohl seinen nachgebildet. — **A. 5.** Drei an einander hangende Thoncylinder in Sammlung Stroganoff, Nr. 12. Ein Cylinder in Berlin (Stern, Ägypt. Zeitschr. 1885, S. 93) nennt den König von Sebek von Crocodilopolis geliebt; ein anderes Amulett ebenda (l. c.) zeigt vorn seinen Vornamen, hinten ein Krokodil. — **A. 7.** Derselbe gehörte einem Ḥa-ro-bes; publ. Wiedemann, Proc. 2 Juni 1885, p. 183; Perrot, Ägypt., S. 673. — **A. 11.** Gayet, pl. 10; Pierret II, p. 50. — **A. 13.** Lieblein, Nr. 146. — **A. 14.** Lieblein, Nr. 148. — **A. 18.** Lieblein, Nr. 330; ganz publ. Gayet, pl. 6. — **S. 262, Z. 13.** Ihr Name scheint sich bei Chatanah bei Fakus zu finden (Naville, Goshen, p. 21). — **Z. 26.** Eine Königin Sent dieser Zeit, welche als königliche Gemahlin und königliche Mutter bezeichnet wird, läſst sich bisher dem Stammbaum der Dynastie nicht einordnen. Eine ihrer Statuetten fand sich in Karnak, eine andere bei Tell-Abu-l-felus bei Fakus (Maspero, Ägypt. Zeitschr. 1885, S. 12; Naville, Goshen, pl. 9 b.). — **S. 263, A. 1.** F. Robiou, Rech. sur la 14ᵉ dyn. de Manethon, Versailles 1859. — **S. 266, Nr. 1.** Lauth, Manetho, S. 236 identifizierte diesen König mit Ra-sechem-chu-ta-ui und nannte ihn darauf hin Sebekhotep I., während er den wahren Ra-sechem-chu-ta-ui nochmals als Sebekhotep II. zählte. — **Nr. 2.** Die Stele publ. Wiedemann, Et. ded. à Leemans, p. 27 sq. — **Nr. 3.** Die Hypothese von Lepsius, Königsbuch, S. 24 es sei dies der Herrscher, unter dem die Hyksos in Ägypten einfielen, ward durch neuere Funde widerlegt. — **S. 267, Z. 3** statt als bis auf l. einer der Texte (publ. auch Rev. arch. I Ser. V. 1, p. 311) gedenkt dabei der Inspektion einer Anlage Usertesen III. durch den Vorsteher der Soldaten Ren-seneb. — **Nr. 18.** Mermenfitu oder Mer-meschā. — **A. 2.** Eine weitere in Bulaq (Maspero, p. 89). — **A. 4.** Miss Edwards, Harpers New Monthly Mag. Okt. 1886, p. 718; Petrie, Tanis, p. 9. — **A. 6** ebenso Lauth, Manetho, S. 237 f.; Meyer, Gesch. d. Alt. I, S. 128; Gesch. Ägypt., S. 200. — **A. 9** einer in Sammlung Sayce. — **S. 268, Z. 3** statt Fu-ḥenn-āb-u l. Fu-ḥet-āb-u (?). Eine Stele in Wien (Nr. 64; publ. Wiedemann, Ägypt. Zeitschr. 1885, 78 ff.; v. Bergmann, Rec. de trav. rel. e. c. VII, p. 188; vgl. Lieblein, Nr. 413) gehört derselben Familie an, deren Stammbaum auf Grund dieser Dokumente (vgl. Wiedemann l. c.; Brugsch, Hist. d'Eg. I², p. 120. 122) dieser war:

Königin Nennà

Prinzessin Ānuk-t-ṭuṭu — Königsmutter Fu-ḥet-àb-u (?) + Priester Mentu-ḥetept.

Neb-t-àtef + Prinz Seneb — König Sebekḥetep II.

Sebek-ḥetep — Fu-ḥet-àb-u (?) — Ḥent — Mentu-ḥetep.

A. 2. Prisse, Mon., pl. 8; Pierret, Rec. d'Inscr. II, p. 107; Lieblein, Nr. 385. — A. 10. Eine ähnliche Darstellung auf Sehel (Mariette, Mon. div., pl. 70. 3; vgl. Brugsch, Hist. d'Eg. I², p. 121) nennt aufserdem die Königin Seneb-sen, den Prinzen Ḥa-ānch-f, die Prinzessin Kemā, die Mutter des Neb-ānch Rī(?)-Sebek-ḥetep und den Siegelbewahrer Senebà, aber nicht den König selbst. — S. 269, Z. 4. Ein Thoncylinder nennt ihn Liebling des Sebek (Samml. Stroganoff, Nr. 17). — Nr. 24. Seine Mutter war Kemā (Skarabäus im Louvre S. hist., Nr. 456). — A. 2 einer in Turin. — A. 4. Rosellini, Mon. stor. (Text) II, pl. 13, Nr. 152. Naville, Rec. de trav. rel. I, p. 109. — A. 8. Petrie, Tanis, p. 8; Miss Edwards, Harpers Mag. Okt. 1886, p. 719. — A. 9. Nach der Not. des monuments. 1880, p. 16 vermutlich aus Tanis; sehr ungenau publ. Perrot, Ägypt., S. 617 und Meyer, Gesch. Ägypt., S. 189. — A. 11. Pierret II, p. 19. — A. 12. Stroganoff einer (Nr. 18). — S. 270, A. 1. Vgl. die Königin Chnum-nefer-ḥes-t-Mentu-ḥetep (S. 229). — A. 7. Pierret II, p. 34.

S. 271, A. 1 zwei in Samml. Stroganoff, Nr. 16. 438. — S. 272, A. 2. Vgl. Erman, Ägypt., S. 209 ff. Auch der Text bei de Rougé, Rec. d'Inscr., pl. 285 gehört in dieses Grab (Eisenlohr, Ägypt. Zeitschr. 1885, S. 57). — S. 273, Nr. 58. In Tanis entdeckte Petrie Fragmente eines Obelisken im Stil der 13. Dynastie, welche berichteten, der Prinz Neḥsi habe dem Set, dem Herrn von Roahu ein Denkmal errichtet (Petrie, Tanis, p. 8). Der Versuch Liebleins, Handel, S. 47 f. das neḥsi mit dem äthiopischen Negus „König" zu identifizieren, ist unmöglich. — A. 6. Sayce einer, Stroganoff einer (Nr. 15), in Antwerpen einer (Museum Steen), einer aus Tanis (Petrie, Tanis 12, 2). — S. 276, Z. 26. Auch das Grab seiner Gemahlin Nub-chā-s ward nach dem Pap. Abbott unberaubt gefunden. Den Prozefs gegen die betreffenden Leichendiebe enthielt ausführlich der Pap. Amhurst (publ. Chabas, Mél. III, 2, p. 1 sqq.; vgl. Erman, Ägypt. Zeitschr. 1879, S. 152). Der König Sebek-em-saf trägt im Papyrus den Vornamen Ra-sechem-schet-ta-ui, ist also mit dem andern Sebek-em-saf nicht identisch. — A. 1. Nach Maspero, p. 121 aus Luqsor stammend. Brugsch, Hist. d'Eg. I², p. 170 vermutet, es seien dies zwei Vizekönige aus der Zeit Āhmes I. Binupu Nefer-ka-Ra und Se-uat'-en-Ra Āhmes. — A. 2. 151 l. auch Golenischeff, Hamm., pl. 18, Nr. 6. — A. 3. Lieblein Nr. 351. — A. 4. Pierret II, p. 5; vgl. Maspero, Mél. d'Arch. ég. II, p. 293; Lieblein, Nr. 349. Stelen, welche andere Verwandte, besonders der Königin Nub-chā-s und ihres Vaters, des Vorstehers der Dreifsig Sebek-ṭuṭu-bebȧ nennen, sind in Dublin (publ. Macalister, Proc. 1 Maerz 1887, p. 125 sqq.) und in Samml. Weisz in Kalaz (publ. Wiedemann l. c. 3 Mai 1887, p. 190 sq.). — A. 6. Vgl. Birch, Rev. arch. I Ser. XVI, 1, p. 269. — S. 277, Z. 14 einzuschieben Ra-mer-seschesch-ḥetep. Nach einer von Eisenlohr kopierten Notiz in den Notizbüchern von Harris findet sich dieser König auf Sehel vor Anukt. — A. 2. Vgl. Lieblein, Nr. 528. — A. 4. Meyer, Gesch. d. Alt. I, S. 128 hält den König für Sebekḥetep I (III.) der 13. Dyn. — S. 278, Z. 8. Die Stele publ. Wiedemann, Ägypt. Zeitschr. 1885, S. 80. Nach einer Mitteilung von Prof. Eisenlohr war sie früher in Samml. Harris und ist jetzt wohl im British Museum. Vgl. zu ihr Catalog der Samml. Harris von Lesley, 1868. Vol. X, p. 566. — A. 3. Riel, Der Doppelkalender des Pap. Ebers. Leipzig 1876; Robiou, Rec. de trav. e. c. III, p. 86 sqq., V, p. 103 sq.; Krall l. c. V, p. 57 sqq.; Meyer, Gesch. d. Alt. I, S. 140 erklärt den König für einen Hyksos. — A. 4. Lieblein, Nr. 258. — S. 279, Z. 12 l. Aubenu-Ra. Das Monument jetzt in London; publ. Layard, Ninive and its remains II, p. 209; Mon. of Niniveh, pl. 89; Birch, Trans. Roy. Soc. of Litt. N. S. III; vgl. Lenormant, Bull. arch. de l'Athen. franç. 1856, p. 47; die Kartouche Lepsius, Königsbuch, Nr. 794. Die Behauptung von Meyer, Gesch. des Altertums I, S. 132. 244 und Pietschmann, Z. d. D. M. G. IXL, S. 146, diese Platte sei ein pseudoägyptisches, phönizisches Machwerk, ist unbewiesen. — A. 8. Auch die Zeichen Ka-nefer-ui finden sich in eine Kartouche eingeschlossen (Lepsius, Königsbuch, Nr. 835). — S. 280, A. 4. Skarabäus in Samml Stroganoff, Nr. 247 (Ra-ānch-Maā-neb). — A. 5. Vgl. den Ra-chā-ḥek-ust bei Lepsius, Königsbuch, Nr. 833. — A. 6 einer fand sich in Naucratis (Petrie, Naucratis, pl. 37, Nr. 128). — A. 9 statt 815 l. 814—815. — A. 10. Vgl. Lepsius, Königsb., Nr. 837.

S. 281, A. 1. Einer Leyden (B. 1174; Mon. I, pl. 28). — A. 3. Mit dem Vornamen Ra-en(?)-men-cheper bei Lepsius, Nr. 821. — A. 6. Mon. I, 28. Einer fand sich in Sardinien (Ebers, Bull. dell'Inst. di corrisp. arch. 1883, p. 84, pl. LII, 6); einer in Naucratis (Petrie, Naucratis, pl. 38, Nr. 192). Vgl. Lepsius, Nr. 838. — A. 7 einer in Samml. Sayce. — A. 8. Nach Lauth, Münch. Sitzungsber. Phil.-hist. Cl. 1881

II, S. 326 fände sich auf einem der Mookschen Papyri zu München ein König Men-nefer. — **A. 10.** Ein Skarabäus fand sich zu Naucratis (Petrie, Naucratis, pl. 38, Nr. 191). — **S. 282, Z. 8** Ra-nefer-cheper zu streichen. — **A. 4.** Louvre, S. h. 607. — **A. 6** zu streichen. — **A. 7, Z. 5** statt 844 l. 842—844. 857; vgl. 841. — Der Königsliste S. 279 bis 282 sind folgende Namen beizufügen:

Cheper-ka, auf einem Skarabäus in einer Kartouche (Lepsius, Nr. 813).

Ra-âḥ-nefer-ui (Lepsius, Nr. 845).

Ra-cheper-nefer (l. c., Nr. 807—808).

Ra-ḥet'-neb (ein Skarabäus in Samml. Stroganoff, Nr. 105).

Ra-Ḥor-neb (Samml. Stroganoff, Nr. 274).

Ra-kem-neb (vgl. Lepsius, Nr. 802).

Ra-men-ḥa (Oval aus Steatit in Samml. Hertz, Nr. 516; Cat., p. 108).

Ra-men-Ḥor (einer Samml. Stroganoff, Nr. 238).

Ra-se-nefer-en (einer in Miramar, Nr. 28; Reinisch, Ägypt. Denkm., pl. 26, Nr. 8. S. 221).

Ra-ser-chā-u (einer in Descr. d'Eg. V, 87, Nr. 52).

Ṭeṭ-chā wird als König von Ober- und Unter-Ägypten bezeichnet (Lepsius, Nr. 820).

S. 283, Z. 4. Die Texte, welche Naville kopierte, entsprechen den Pyramideninschriften (Varianten daraus bei Maspero, Rec. de trav. e. c. III, p. 201 sqq.; er setzt die Königin in die 11—12. Dynastie). — **Z. 6** statt ihr l. dieser grofsen königlichen Gemahlin. — **Z. 12** hinzuzufügen: Chnum-ḥāt wird als Königin auf der Leichenstele des Tani aus Abydos neben einem ungenannten Könige erwähnt (Mariette, Compt. rend. de l'Ac. des Inscr. IV Ser. VII, p. 122—128). — **A. 3.** Etudes égypt. IX, p. 43. — **A. 5** hinter 456, publ. Pierret II, p. 112. — **S. 284, A. 1.** Die Identifikation von Bnon durch Lauth und Krall (Wiener Sitzungsber. CV; S. 396f.) mit dem ägyptischen Namen Abana, was das hebr. אֶבֶן Stein wäre und die Behauptung, der zweite Name des Abana Ba wäre eine Übersetzung dieses Wortes in das Ägyptische, wo bâa eine Steinart bedeute, ist phantastisch; ebenso wie die Meinung Hengstenbergs, Bücher Mosis, S. 257—277 Salatis sei das Gen. 42, 6 entnommene Wort הַשַּׁלִּיט „Regent" — **S. 288, A. 2.** Vgl. dazu de Lagarde, Gött. Gel. Anz. 1883, S. 260 und Stern, Ägypt. Zeitschr. 1885, S. 94f. — **S. 289, Z. 25.** Ein Pendant zu der Louvre-Sphinx ist in Tanis (Petrie, Tanis, p. 7 sq. 11); ebendort befinden sich sechs stark verletzte Sphinx-Exemplare (Miss Edwards, Harpers Mag. Okt. 1886, p. 722). Ähnliche Fragmente fand Maspero (Hist. anc., p. 167) in Damanhur. — **A. 1.** Stern, Die Hyksos in Deutsche Revue VII, 4,

S. 75—86. Mehrere der Monumente publ. Tomkins, Studies of the times of Abraham. London 1878, pl. 9—13; zahlreiche, aber wenig genau bei Perrot, Ägypt., S. 619—623. Die Inschriften bei Petrie, Tanis, p. 11; Mariette, Rec. de trav. e. c. IX, p. 10 sqq. — A. 4. Ebers, Ägypt. I, S. 112. — A. 5. Eine ähnliche Darstellung ist noch in Tanis (Petrie, Academy. 15 Maerz 1884, p. 192). — S. 290, Z. 14. Maspero, Guide, p. 64 sq. und Arch. ég., p. 216 sq. meint, die Monumente seien älter als die Hyksos — Petrie, Tanis, p. 7 setzt sie z. T. in die 12. Dynastie — und von Apepi erst usurpiert worden; ihre Eigenart erkläre sich dadurch, dafs sie einer lokalen Kunstschule entstammten. Einen Beweis für diese Ansicht hat er jedoch nicht beizubringen vermocht. — A. 1. Haupt in der Andover Review hält sie für die Kossäer (vgl. für diese Fr. Delitzsch, Die Sprache der Kossäer, Leipzig 1883). — A. 3 ebenso Mariette, Not. du Musée de Boulaq, p. 259 und Ebers, Ägypt. I, S. 108 f.; Cicerone I, S. 87. 90.

S. 291, A. 2. Ebenso bereits Ewald, Gesch. Israels I (1843), S. 474; III, S. 12. — S. 293, Z. 2. Krall, Wiener Sitzungsber. CV, S. 397 will Philitis durch Pu-Reten, was den Retennu (Syrer) bedeute, erklären! — A. 1. Graf Schack, Rec. de trav. III, p. 152 sqq. — S. 294, Z. 25 statt eine Statue l. zwei Sphinxe. — A. 2. Vyse, Pyr. I, p. 133 und Jablonski, De terra Gosen suchten das Land im Fayum. Diese ganz verfehlte Ansicht hat neuerdings in etwas veränderter Form Whitehouse (z. B. Proc. 3 Nov. 1885, p. 6—25) wieder aufgenommen. — A. 4. Mariette, Mon. div., pl. 38. — A. 5. Die eine jetzt im Louvre, die andere an Ort und Stelle (Petrie, Tanis, p. 8). — A. 6. Mifs Edwards, Harpers Mag. Okt. 1886, p. 722; Mariette, Rec. de trav. rel. e. c. IX, p. 12. — S. 295, Z. 5. Endlich bis Bulaq und A. 2 sind auf Grund der Notiz S. 211, A. 4, Z. 3 zu streichen. — Z. 8. Masperos (Rev. crit. 1880 I, S. 467; Hist. anc., p. 167) Meinung, die betreffende Stele spreche nicht von einem König, sondern von dem Gotte Set, ist unwahrscheinlich. — A. 5 jetzt in London. Meyer, Gesch. des Alt. I, S. 136. 244 erklärt ihn, ohne Beweis für ein pseudoägyptisches Machwerk. — A. 6. Lepsius, Königsb., Nr. 916. — S. 296, Z. 1. Die Monumente dieses und der folgenden Herrscher, soweit sie nicht früher ediert waren, publ. bei Wiedemann, Proc. 2. Febr. 1886. p. 94. — A. 3. Zwei in Bulaq, einer in Samml. Loftie. Vgl. Königsb., Nr. 808. — A. 4. Einer aus Cypern bei Cesnola, Salaminia, p. 142 sq. — A. 5 einer in Wien. Vgl. den Königsnamen an der Stufenpyramide von Saqqarah (S. 167). — A. 6 einer in Florenz, Nr. 860; vgl. Lepsius, Nr. 847 und 860. — A. 8 einer aus Memphis in Samml. Sayce. — A. 12 hinter B. 1171 l. Mon. I, pl. 28; hinter Loftie l. zwei. — A. 13

in Samml. Loftie sind drei. — **S. 297, Z. 2.** Hierher gehören auch die nicht seltenen Zeichenverbindungen Cheper-nub (Lepsius, Nr. 816) und Cheper-ṭeṭ-nub (l. c., Nr. 817–818). — **S. 299, A. 1.** Vgl. Maspero, Cont. pop., p. 187 sq. und für einzelne Stellen Piehl, Ägypt. Zeitschr. 1885, S. 59 f. — **S. 300, Z. 28** statt von bis geschändet l. unberührt vorgefunden. — **A. 1.** Vgl. Maspero, Cont. pop. XXII sqq. 189; Ebers, Cicerone I, S. 91. — **A. 2** ersteres publ. Mon. div. 51 j. Vgl. Maspero, Pap. Abbott, p. 77 sq.

S. 301, Z. 4. Der Kopf der Mumie ist mit Wunden bedeckt, der Körper schlecht einbalsamiert, was die Vermutung nahe legt, daſs der König auf dem Schlachtfelde fiel und angesichts des Feindes nicht sorgsam genug behandelt werden konnte (vgl. Maspero, Rec. de trav. VIII, p. 179 sq.; Academy 24 Juli 1886, p. 61; 31 Juli 1886, p. 78). — **Z. 14.** Ȧa-ten erscheint als Horus-Name eines vermutlich der 21. Dynastie angehörigen, sonst unbekannten Herrschers, in dem Pariser Papyrus Nr. 3308 (publ. Wiedemann, Hierat. Texte aus Berlin und Paris, pl. 8–9; die Kartouche bei Lepsius, Nr. 777). — **Z. 17** statt diesmal jedoch l.: welcher den Vornamen Ta-ȧa-ȧa angiebt und den König den zweiten des Namens Ta-ȧa nennt. — **A. 3** statt Etud. égypt. II l. Rec. d'Inscr. du Louvre I. — **S. 302. Z. 9** statt Chent-cher-ti-sa l. Chent-cha-ti-sa (die Statuette publ. von Bergmann, Rec. de trav. VII, p. 179. Von der Königin sind zwei Skarabäen im Louvre, publ. Pierret II, p. 86. — **Z. 14.** Über Ȧḥ-mes-sa-pa-ȧr handelte eingehend Wiedemann, Proc. VIII, p. 220 sqq., wonach der Text zu verbessern ist. — **A. 3** l. London 1863. Vgl. ferner Maspero, Arch. ég., p. 299. 306 sqq. — **S. 303, Z. 3** einzuschieben: Amen-mes. Der älteste Sohn dieses Königs lebte im 4. Jahre Tutmes I; die Fragmente eines Naos desselben haben sich bei Gizeh gefunden (Grébaut, Rec. de trav. VII, p. 142). — **A. 2.** Vgl. Maspero, Mém. prés. par div. sav. à l'Ac. des Inscr. I Ser. VIII. 2, p. 289. Brugsch, Hist. I², p. 170 hielt den Mann für einen Vicekönig Ȧḥmes I. — **S. 307, A. 1.** Nach Eisenlohr, Ägypt. Zeitschr. 1885, S. 57 hieſs Ȧḥmes' Vater Baba, seine Mutter Ȧbana, eine Thatsache, welche sich auch aus der Biographie des Mannes ergiebt. — **S. 308, A. 1.** Stern, Ägypt. Zeitschrift 1875, S. 66. — **S. 309, A. 1.** Maspero vermutet, man habe die Königin schwarz dargestellt als eine Form der auch als Totengöttin geltenden Hathor (ähnlich bereits Brugsch, Gesch. Ägypt., S. 260; vgl. Ebers, Cicerone II, S. 45. 202). Dies ist jedoch unwahrscheinlich, da sonst nie eine der göttlich verehrten Herrscherinnen schwarze Farbe zeigt. Meyer, Gesch. Ägypt., S. 224 erklärt die Königin für eine „nubische Negerin". — **S. 310, Z. 2.** Anspielungen auf eine Rebellion in Ägypten selbst (Erman, Ägypt. I, S. 152; Meyer,

Gesch. Ägypt., S. 217 f.) vermag ich in dem Berichte nicht zu finden. — A. 2. Die Texte auch Vyse, Pyr. III, pl. zu p. 99 (L. D. III, 3 a) und zu p. 94 (3 b).

S. 312, Z. 15. Ein Grabkegel nennt seinen Oberpriester Mes-Amen (Louvre S. h. 394; publ. Wiedemann, Actes du Congr. intern. des Orient. de Leyde IV, p. 152). — A. 7 publ. Maspero, Rec. de trav. III, p. 108 sq. Vgl. Lieblein, Nr. 807. — A. 12. Maspero, Arch. ég., p. 191. — S. 313, Z. 6. Der Grabkegel des Oberpriesters des Amon-Ra Tḥuti datiert aus dieser Regierung (Louvre, S. h. 393; publ. Wiedemann, Actes c. c., p. 141). Einer Schenkung des Königs gedenkt die Stele des Pa-āa-āku im Louvre (C. 53; Pierret II, p. 14 sq.). — A. 1. Maspero, Arch., p. 254. — A. 2 einer in Antwerpen (Museum Steen), einer in Samml. Sayce. — S. 314, Z. 9. Für das Grab des Kasa und des Ken vgl. Wiedemann, Proc. VIII, p. 226 sqq. Aus dem Grab eines Ken stammt ein grofser Kalksteindiskus in Bulaq; derselbe war Diener des Amenophis I., sein Sohn Ḥuï Priester desselben Herrschers (Maspero, Rec. de trav. III, p. 103). — Z. 11 statt dreien l. sieben; statt zweien l. dreien. — Z. 20. Der Kult beider erscheint ferner auf einer Stele zu Leyden (V, 8; Lieblein, Nr. 559); fünf Stelen in London (Lieblein, Nr. 560. 563. 564. 565. 567); einer in Stockholm (Nr. 20; Lieblein, Nr. 574); einer in Neuchatel (Zündel, Un grandprêtre d'Ammon-Ra, p. 4 aus dem Musée Neuchatelois II); dann auf der Statuengruppe des Pai-neḥsi und der Ta-rennut (Turin, Nr. 51 [54]; publ. Gazzera, Descr. dei mon., pl. 4, fig. 2 a—c; Maspero, Rec. de trav. III, p. 110. 124; vgl. Lieblein, Nr. 607; Champ. Lettre à Blacas I, p. 17 sqq., Orcurti, Cat., p. 71 sq.); dann auf einem Sargfragment in Turin (Maspero, Rec. de trav. III, p. 124; sie wird schwarz dargestellt). Eine Stele in Turin stellt die Königin, Amenophis I. und II. und Tutmes I. dar (Nr. 45; publ. Champ. Fig., Eg. anc. und Maspero, Rec. de trav. III, p. 113). Im Grabe des Penbuï in Der el Medinet erscheint die schwarze Königin neben Amenophis I., Ramses I. und Ḥor-em-ḥeb; ihr Name und der eines weitern Herrschers (Seti I. ?) ist zerstört (L. D. III, 273 c). — A. 1 publ. Maspero, l. c. III, p. 113 (Nr. 29). — A. 4. Grab 40 des Vorstehers des Speichers des Amon-Tempels Un-nef. Vgl. auch Piehl, Ägypt. Zeitschr. 1883, S. 131. — A. 6. Vgl. Lieblein, Nr. 793. 818. 820; die vierte Nr. 71 (Maspero l. c. III, p. 104), die fünfte Nr. 6 des Amen-em-āpt (l. c. II, p. 167); die sechste Nr. 87 des Necht-su (l. c., p. 184), die siebente des Set Nr. 48 (l. c., p. 192). — A. 7 zu C. 180 (Lieblein, Nr. 553); ebenso Louvre C. 50 des Ṭuṭu-āa, publ. Pierret I, p. 50 sqq. — A. 8. Nr. 150. — A. 9 des Neb-nefer; publ. Maspero, l. c. II, p. 180 sq.; Schmidt, Textes hier. de Copenhague, pl. 10—11. — A. 10. Nr. 297. — Publ. Birch, Trans. Soc. Bibl. Arch. VIII, p. 412 — A. 11. L. D. III, 2. Zu den Gräbern, welche Chā-bechen und Ȧnḥer-chā-ui angehörten, vgl. Maspero, Rec. de trav. II, p. 190 sq. — S. 315, Z. 15. Die Stele des T̓a-mer-ka-u publ. von Bergmann, Rec. de trav. e. c. IX, p. 39. — A. 8. Lieblein, Nr. 573. — A. 11. Birch, Transact. Soc. Bibl. Arch. VIII, p. 143 sqq.; Pierret. Rec. de trav. I, p. 70 sqq. — A. 12. Maspero, Rec. de trav. III, p. 113; Lieblein, Nr. 822. — A. 13. Diese Stele des Ȧi-er-nen-t-f publ. Maspero, Rec. de trav. II, p. 171. — S. 316, Z. 4 ebenso ein Holzwerkzeug in Turin (Maspero, l. c. III, p. 124). — Z. 7. Dasselbe bis Z. 11 Königin zu streichen. — Z. 23. In dem Sarge fanden sich zwei Mumien, die gut erhaltene Ramses III. und die stark in Verwesung übergegangene der Königin. — A. 5. Eine Statue Amenophis I. und seiner Mutter ist in Alnwick Castle (vgl. Athenaeum, Nr. 2906, p. 24). — A. 6 jetzt Nr. 249; publ. Maspero, l. c. II, p. 172; III, p. 114. — S. 317, Z. 19. Von diesen Kämpfen gegen die Neger legt auch ein Kalkfragment in Turin (publ. Maspero, l. c. III, p. 124), welches den König einen Neger niederschmetternd zeigt, Zeugnis ab. — S. 318, A. 1. Champ. Not. du Musée Charles X, p. 56 nennt fünf Exemplare im Louvre. — S. 319, Z. 6. Allein auch im Grabe Ramses VI. (L. D. III, 224 f.). — Z. 10. Der Sarg im Louvre ist der des Priesters Amen-em-ȧpt. Auch das Sargfragment eines Amen-em-ȧp aus der 21. Dynastie nennt ihn als Gott (Miss Edwards, Act. du Congr. intern. de Leide IV, p. 165 sqq.). — Z. 16. Weiter auf dem Opfertisch des durch zahlreiche Monumente bekannten Pa-scheṭi in Samml. Belmore (Maspero, Rec. de trav. II, p. 175), auf der Stele des Ḥuī zu London (Nr. 317; Maspero, l. c. II, p. 186; Lieblein, Nr. 568) und auf der des Kaḥa in Samml. Belmore (pl. V, Nr. 2; Maspero, l. c. II, p. 192). — Z. 19 und bis S. 320, Z. 1 Kultes zu streichen. — A. 3. Des Ken (publ. Maspero, Rec. de trav. III, p. 103; Piehl, l. c. I, p. 136). — A. 6. Lieblein, Nr. 578. — A. 12. Die Stelen publ. von Maspero, l. c. als Nr. 59 des Nefer-ḥetep-u (III, p. 109 sq.) Nr. 69 des Amen-mes (l. c., p. 113); Nr. 74 des Ḥuī (l. c., p. 113; II, p. 188) Nr. 28 des Ȧpiī (l. c. II, p. 166 sq.); Nr. 75 des Pa-Ra-ḥetep (l. c., p. 173; Lieblein, Nr. 819). — A. 16 statt Etud. bis II l. Rec. I. — S. 320, Z. 3. Auf dem Anfangsbilde des Papyrus der Pallakide des Amen-Ra Ta-net'em-ti in Turin wird er als Osiris mit schwarzem Gesicht dargestellt und angebetet (Maspero, l. c. III, p. 113). Sein Prophet war wohl auch der im Pap. Abbott erwähnte Pa-ān-chā-u (vgl. Maspero, Pap. Abbott, p. 12). — Z. 17. Statt Das bis Z. 20 l. Das Grab des Königs wird im Pap. Abbott beschrieben, danach war sein

Hauptgang 120 Ellen lang und mündete im Norden eines Amenopheums. Wieder aufgefunden ward dasselbe noch nicht und Lefébures (Ägypt. Zeitschr. 1885, S. 123 ff.) Vermutung, es sei das Grab Nr. 20 im Thal der Königsgräber (sein Plan L. D. I, 96) ist sehr fraglich. — A. 1 zu streichen. — A. 5. Lieblein, Nr. 575.

S. 321, Z. 13. Turiner Fragment Nr. 76 bei Maspero, Rec. de trav. III, p. 124. — Z. 14 statt Ḥā-nefer l. Åtef-nefer. — Z. 16 ebenso die Stelen des Richters Kaha (Nr. 274; Lieblein, Nr. 561), die seines Vaters Ḥuī (Nr. 291; Lieblein, Nr. 502) und die des Vorstehers der Arbeiter Haī (Nr. 568; Lieblein, Nr. 568) zu London. — Z. 19. Das Monument des Pentaur publ. von Bergmann, Rec. de trav. e c. IX, p. 50. — A. 1 einer in Bulaq stammt aus Drah abu'l neggah (Maspero, p. 91); ein blau emaillierter ist in Samml. Stroganoff, Nr. 52. — A. 11. Pierret II, p. 48. — A. 13. Die Holzstatuette eines Amen-nechtu aus dieser Zeit ist in Leiden (publ. Leemans, Mon. II, pl. 4. 19 a; Maspero, Rec. de trav. III, p. 104). — S. 323, Z. 2. Auch bei dem Katarakt von Tangur scheint sich eine Inschrift Tutmes I. (oder II., das Zeichen, welches die Vornamen der beiden Herrscher unterscheidet, ist ausgebrochen, so dafs man zwischen beiden schwanken kann), welche aus dessen zweiten Jahre datiert und einen Schreiber der Soldaten Åḥmes erwähnt, zu befinden (Birch, Proc. 3 Maerz 1885, p. 121). — Z. 19 und Tigris zu streichen. — S. 326, Z. 18. In Kummeh begann er einen Tempel, dessen Ausschmückung Tutmes II., der hier auch die Inschriften seines Vaters usurpierte, fortsetzte (L. D. III, 59 a). — A. 4. Piehl, Act. du Congr. intern. de Leide IV, p. 203 sqq. — S. 327, Z. 23. Die Grabkegel publ. Wiedemann, Act. du Congr. de Leide IV, p. 143. — S. 328, Z. 12. Eine Hand aus Elfenbein in Turin (vgl. Maspero, Rec. de trav. III, p. 124) trägt den vielleicht auf sie bezüglichen Namen Åḥmes. — A. 1 publ. Maspero, l. c. II, p. 172; Lieblein, Nr. 821. — A. 3 jetzt Nr. 45; publ. Champ.-Fig., Eg. anc.; Maspero, l. c. III, p. 113. — A. 9. Vielleicht ist hier suten-sa nur Ehrentitel, wie dies auch sonst vorkommt (vgl. Wiedemann, Ägypt. Zeitschr. 1885, S. 79 f. L. D. III, 184 c). — A. 10. Das untere Fragment einer Statue des Königs fand sich bei Scherschel (Julia Caesarea) in Algier; publ. Greene, Bull. arch. de l'Athen. franç. 1856, p. 38 sq. — S. 329, Z. 9. Die Stele seines Palastbeamten Sebek-ḥetep ist in Florenz (Nr. 2589; Lieblein, Nr. 316). Das Grab des Tḥuti zu Kom el Ahmar (Hieraconpolis) stammt aus seiner Zeit (publ. Bouriant, Et. ded. à Leemans, p. 37 sqq.; Renouf, Proc. X, p. 73 sqq. 132). — Z. 9 statt Pe-ṭu-Ra l. Pe-en-Ra. — Z. 11. An das Ende dieser Regierung setzt Cook, The holy Bible I, 1, p. 455 sqq. ohne Beweis den Exodus der Juden. — A. 6. Lieblein, Nr. 583, publ. und übers. Piehl, Rec. de trav. IV, p. 120sqq.; Maspero, l. c., p. 125sqq. — A. 7 er hiefs Äa-cheper-ka, publ. Wiedemann, Act. du Congr. de Leyde VI, p. 143. — A. 8 publ. Wiedemann, l. c., p. 140. — A. 10. Die Mutter Tutmes II., deren Statue sich in Bulaq befindet (publ. Piehl, Ägypt. Zeitschr. 1887, S. 125) hiefs Mut-nefer-t. — S. 330, Z. 12. Für die Behauptung Ermans, Ägypt., S. 71, der Meyer, Gesch. Ägypt., S. 232. 238 folgt, Ramaka sei wohl an Tutmes II. Tode nicht unschuldig gewesen, liegt kein Grund vor, auch nicht für die (S. 72), der Thronwechsel von Ramaka auf Tutmes III. sei ein gewaltsamer gewesen. Der König starb nach der Mumie, welche Narben von einer Hautkrankheit zeigt, zu urteilen, noch nicht 30 Jahre alt. Für die Sargtexte vgl. Piehl, Inscr., pl. 77. — Z. 20 ferner ein mandelförmiges Amulett mit dem Vornamen in Bulaq (Maspero, p. 91) und eine Isis mit dem Horuskinde (in Samml. Lee; cf. Lee, Cat., Nr. 27). — A. 5. L. D. III, 59a. — A. 6. Pierret II, p. 3. — A. 12 des Pa-chen publ. Maspero, Rec. de trav. III, p. 114.

S. 331, Z. 1. Der zweite Name der Königin war Ḥat-àsu, was zuweilen Ḥat-schepsu gelesen wird (vgl. Renouf, Proc. IV, p. 65—68; Ebers, Ägypt. Zeitschr. 1881, S. 67). — A. 1. Reconstruktion des Baues von Brune auch bei Ebers, Ägypt. II, S. 281. — S. 332, A. 3. Z. 2 vgl. Lieblein, Handel, S. 24ff.; Ebers, Cicerone II, S. 228ff.; Maspero, Rev. hist. IX, p. 1sqq. — S. 333, A. 4. Vgl. Lieblein, Ägyp. Zeitschr. 1885, S. 127ff. — S. 334, Z. 5. Eine Reihe Darstellungen zeigen hier äthiopische Tribute (vgl. Lieblein, l. c.). — Z. 7. Eine grofse Inschrift der Königin — ihr ausgekratzter Name ist leicht zu ergänzen — befindet sich bei Speos Artemidos (publ. Golenischeff, Rec. de trav. VI, p. 20; vgl. III, p. 1sqq.). Hier ist die Rede von der Expedition nach Punt und von Restaurationen an Tempeln der Pacht, der Chemenniu, des Chnum, Hak-t, Renent, Meschent, Neḥemàuai, Neḥebka und besonders am Tempel der Hathor der Stadt Cusae, dessen Sanktuarium die Erde verschlungen hatte. Bemerkt wird, sie habe restauriert und Unvollendetes vollendet, „denn es gab in Unterägypten bei Ḥat-uar (Avaris) Asiaten und die Fremden (d. h. die Hyksos) hatten Werke zerstört. Sie herrschten aber ohne Ra zu kennen.“ — S. 335, A. 1. Hausvorsteher dieser Prinzessin Ra-nefer-u war der oft genannte Sen-mut (Grabkegel L. D. III, 25 bis n; Wiedemann, Act. du Congr. intern. de Leide IV, p. 142). — A. 10. Piehl, Rec. de trav. II, p. 128sq. — S. 336, A. 9. Vgl. Eisenlohr, Ägypt. Zeitschr. 1885, S. 56. — S. 338, Z. 22 statt Ȧn l. Königlichen Amme und Wärterin Sat-ra genannt Ȧn (publ. Wiedemann, Proc. 3 Mai 1887, p. 183; v. Bergmann, Rec. de trav. e. c. IX, p. 49). — A. 1. Lieblein, Nr.

593—594. — **A. 4.** Eine weitere in Alnwick Castle (vgl. Athenaeum, Nr. 2906, p. 24). — **A. 6** publ. Wiedemann, Proc. 2 Juni 1885, p. 183 sq. — **A. 7** einer aus dem Louvre publ. Pierret II, p. 84. Einer in Samml. Stroganoff, Nr. 22. — **A. 10.** Nach Maspero, p. 123 aus Karnak. — **S. 339, Z. 4.** Das Siegel des Amon-Tempels zu Buto, welches ihre Kartouche trägt, ist in Bulaq (Maspero, p. 91). Zahlreiche der Königin angehörige Gegenstände, ein schön verzierter Thronsessel, Siegel, Dambrett und Damsteine sind in Samml. Jesse Haworth (Miss Edwards, The Manchester Examiner. 23. Juni 1887, p. 8). — **A. 5.** Ebers, Cicerone II, S. 44; Ägypt. II, S. 63. — **A. 10.** Zu Bulaq vgl. Maspero, p. 94 f. 297. 299. — **A. 11.** Das Grab ist 5 F bei Champ. Not., p. 492—494. 836—838.

Z. 341, A. 1. Brugsch, Gesch. Ägypt., S. 360 ff. — **S. 343, A. 3, Z. 3** statt später bis Bande l. p. 139—150; übers. Brugsch, Gesch. Ägypt., S. 294—305. — **S. 344, A. 2.** Zuerst wies auf die Bedeutung der Stelle hin Wiedemann, Z. d. D. M. G. XXXII, S. 118, dann Maspero, Rec. de trav. IV, p. 130. — **A. 3** publ. auch Lemm, Ägypt. Lesestücke, S. 70 f. Zu Z. 46 vgl. Piehl, Ägypt. Zeitschr. 1885, S. 61 f. — **S. 346, Z. 12.** Der Text bei L. D. III, 55 a. — **S. 347, Z. 14.** Für das Land zwischen Megiddo und Joppe vgl. Maspero, Et. ded. à Leemans, p. 3 sqq. — **S. 349, A. 1.** Vgl. die Korrekturen von Maspero, Rec. de trav. VII, p. 94 sqq. und zu den Namen Tomkins, Proc. 9. Jan. 1883, p. 58 sqq.; 2 Juni 1885, p. 160—163; 3 Mai 1887, p. 162 sqq.; Et. ded. à Leemans, p. 61 sq. Maspero, Transact. Philos. Soc. Great Britain. 1886. Für die hier erwähnten Stämme Jakob und Joseph vgl. Rougé, l. c., p. 59; Renan, Rev. des ét. juives 1882, p. 162; Groff, Rev. égypt. IV, p. 95 sqq. 146 sqq.; Meyer, Zeitschr. für alttest. Wissenschaft 1886, S. 1 ff.; Tomkins, Proc. IX, p. 165.

S. 350, A. 3. Die Stele des Mannes (vgl. L. D. III, 38 f.) publ. Piehl, Ägypt. Zeitschr. 1883, S. 132. — **S. 354. Z. 16.** Der Name der Stadt, den Maspero Ipu (Joppe), Goodwin Imu, Wiedemann (Gesch. Ägypt., S. 69 f.) Iḥa oder Ipen liest, ist unsicher. — **A. 4.** Vgl. Birch, Egypt., p. 203 sq. Maspero, Cont. pop., p. XXV sqq. 85 sqq. Die goldene Schale des Mannes in Paris publ. Maspero, Arch., p. 300. — **A. 5.** Ebers, Cicerone I, S. 93. Die Totenstele des Mannes ist im Louvre C. 74; vgl. Pierret II, p. 11. — **S. 355, A. 2.** Lieblein, Ägypt. Zeitschr. 1885, S. 131; einen längern Vortrag über die Darstellungen hielt Hamy am 11 Juli 1884 in der Ac. des Inscr. zu Paris (vgl. Rev. crit. XVIII, p. 84; Rev. arch. III Ser. IV, p. 105 sq.). Die Ansicht von Beauregard, Et. ded. à Leemans, p. 29 sqq. die hier zweimal erscheinenden Retennu seien einmal die Retennu, das andere Mal die Lydier, ist unhaltbar. — S. 356, Z. 13. Im Grabe des Am-en-t'eḥ sind die Neḥsi (Neger) und die Retennu samt ihren Gaben abgebildet (Virey, Rec. de trav. VII, p. 42 sq.). — A. 2. Vgl. L. D. III, 39 c. — A. 7 der Hausherrin Ḥent-nefer-t. Vgl. Lieblein, Nr. 600. — S. 357, Z. 9. Statt drei l. einem. — Z. 12. Ein dabei befindlicher Text erklärte, Amenophis II. habe diese Texte für seinen Vater Tutmes III. herstellen lassen (Naville, Totenbuch. Text. S. 76 ff.). — Z. 19. Das Grab eines Ḥorà-mes, welcher Oberpriester des Sept und Priester Tutmes III. war, befindet sich bei Kom el ahmar (Hieraconpolis); dasselbe ward unter Ramses XIII. usurpiert und ist jetzt sehr zerstört (Bouriant, Et. ded. à Leemans, p. 40). — Z. 21 statt Sà l. Keṭenu (?) — A. 6. Lieblein, Nr. 598. — A. 7. Wiedemann, Act. du Congr. intern. de Leide IV, p. 151. — A. 8 einer in Marseille (Wiedemann, l. c., p. 148). — A. 10 des Ḥor-em-ḥeb. In ihm erscheint der suten ka „die königliche Persönlichkeit“ als Gottheit. — S. 358, Z. 14. Der Kopf einer Granitstatue ist in London (publ. Perrot, Ägypt., S. 629); Maspero, p. 424 sq. führt zwei aus Karnak stammende Statuen auf. — A. 6. Vgl. Lieblein, Nr. 596—597. — A. 12. Maspero, Arch., p. 191. — S. 360, A. 8. Vgl. Vyse, Pyr. I, p. 89. — A. 10. Nr. 11 ist das Grab des Àm-en-t'eḥ, dessen besonders religiös interessanten Inschriften Virey, Rec. de trav. VII, p. 32—46 publizierte und behandelte; in demselben erscheint auch Amenophis III. Nr. 34 ist das Grab des Fürsten von This Chem (publ. Virey, l. c. IX, p. 27—32; der Mann ist nicht identisch mit dem S. 368, A. 13 erwähnten Chem, dessen Statue sich bei Memphis fand). Mehrere Gräber aus dieser Zeit fand Maspero (Rapport. in Bull. de l'Inst. Eg. 1886, p. 4 sq.) im Assassif.

S. 361, A. 2. Für den Bau vgl. auch Piehl, Act. du Congr. intern. de Leide IV, p. 203 sqq. — S. 363, Z. 18. In den Trümmern der alten Stadt Syene fand sich ein Granitblock mit der Kartouche Tutmes III. (Sayce, Academy. 20 Maerz 1886, p. 202). — S. 364, Z. 25 statt Leider bis Z. 27 haben l. Als den Erringer des Sieges haben wir Usertesen III. zu betrachten. Seine Bauten begann Tutmes hier gleich beim Beginne seiner Regierung, so stiftete er am 7. Paophi seines zweiten Jahres bereits grofse Opfergaben für Usertesen III. (L. D. III, 55 a; übers. Brugsch, Hist. d'Eg. I², p. 103). — A. 9. Seine Titel bei Lepsius, Königsb., Nr. 352. Der Prinz erscheint auch auf der Insel Sâi (L. D. III, 59 b). — S. 365, A. 9, Z. 3 statt 32 l. 31. — S. 366, Z. 5 statt liefsen bis aufstellen l. wurden sie nach Alexandrien geschafft und dort, wie eine Inschrift lehrt, vor dem Caesareum (Sebasteion) im achtzehnten Jahre des Augustus unter dem Präfekten Barbarus durch den Architekten Pontius auf ehernen Krebsen aufgestellt (Merriam, The greek and latin inscriptions on the obelisk-crab in the metropolitan Museum. New York 1883). — **A. 2.** Vgl. ferner Nerutsos, Not. sur les deux obelisques in Bull. de Corresp. hell. II Febr.—Mars; Mommsen, Eph. epigr. IV, p. 26; James King, Cleopatra's Needle. London 1885. — Sagen über die Obelisken bei den Arabern vgl. v. Maltzan, Arabische Sagen in „Das Ausland" 1870, S. 965; Ibn-al-Vardi, Aegyptus ed. Fraehn., p. 59; Maçudi, Les prairies d'or. II, p. 430; Anonymus, Nouv. voy. de Grèce, d'Egypte e. c. La Haye. 1714, p. 70. Sagen bei den Franken vgl. de Burgo. Viaggio in Asia, e. c., p. 187; Thévenot, Voy. au Levant., p. 230; de La Boullaye-Le-Gouz, Voyages, p. 390; de La Motraye, Voyages I, p. 98. — **S. 367, Z. 1.** Eine Stele in Turin zeigt den König vor dem ithyphallen Gott Chem (Nr. 32; Orcurti, Nr. 73; publ. Maspero, Rec. de trav. III, p. 125). Ein Siegel in Kartouchenform ist in Bulaq (Maspero, p. 91); eine Schale in Fischform ebenda (l. c., p. 124). — **A. 11.** Samml. Stroganoff, Nr. 277; Samml. Lee (Lee, Cat., Nr. 271). — **A. 13.** Ein cylindrisches Steatit-Amulett aus Samml. Péretié in Samml. Luynes (Witte, Bull. arch. de l'Athen. franç. 1856, p. 16). — **S. 368, Z. 19.** Interessant ist eine in Bubastis gefundene, wohl aus Hadrians Zeit stammende Stele in ägyptischem Stil, auf welcher oben Tutmes III., eine Prinzessin Meri-Amen-ḥek-An, Seti I. und Ḥor-em-ḥeb abgebildet sind (in Bulaq; Maspero, p. 361 sq.). — **A. 1.** Vgl. Maspero, Arch. ég., p. 251. — **A. 4.** Ein Schwert in Samml. Brugsch nennt den König (Revillout, Rev. ég. II, p. 348). — **A. 5.** Vgl. Wiedemann, Ägypt. Zeitschr. 1883, S. 123 ff. — **S. 369, Z. 6** statt Toti l. Tḥutii. — **Z. 11.** Das Grab seines Getreidespeichervorstehers Neb-Amen wird im Pap. Abbott (Maspero, Pap. Abbott, p. 18) erwähnt. — **A. 4.** Lieblein, Nr. 799; publ. Maspero, Rec. de trav. III, p. 124 sq. — **A. 8.** Die Palette des Mannes ist gleichfalls in Bulaq (Maspero, p. 120). — **A. 14** zu Zürich vgl. Wiedemann, Proc. 2 Juni 1885, p. 203; zu Venedig Wiedemann, Proc. 2 Febr. 1886, p. 91; zu Oxford, Nr. 637 Six, de Gorgone, p. 96. Weitere sind in Antwerpen (2 in Museum Steen); in Nantes (1 de Rougé, Mém. de la Soc. des ant. de France XLIII, p. 82); in Samml. Stroganoff 25 (Nr. 23—43. 55—56. 64—65. 440); einige in Samml. Lee (Lee, Cat., Nr. 290. 293. 299); andere fanden sich in Naucratis (Petrie, Naucratis, pl. 37—38); einer aus Tanis trägt neben dem Vornamen Tutmes III. den Ramses II. (Petrie, Tanis 12, 9); vgl. auch Bellermann, Über die Skarabäengemmen I, S. 15 ff. — **S. 370, A. 1.** Cesnola, Salaminia, p. 138 sq. erwähnt noch einen zweiten gleichfalls in einen goldenen Ring gefafsten in Cypern gefundenen Skarabäus. — **A. 2, Z. 1.** Ebers, Annali dell'Inst. di corr. arch. 1883, p. 83; Spano,

Cat. della rac. arch. Sarda, p. 24. Die Verbannung durch Tiber Tac. Ann. II, 85. — **A. 6.** Ein Siegelabdruck in Wachs mit dem Namen fand sich in Zagazig (in Bulaq; Maspero, p. 99). — **A. 9, Z. 1** einer in Descr. d'Eg. V, 87, Nr. 76.

S. 371, A. 1, Z. 1. Vgl. die Korrekturen von Maspero, Rec. de trav. VII, p. 97 sqq. Die Identifikationen der Namen bei Hartmann, Zeitschr. für Ethnologie XI, S. 119 f. vgl. XIII, S. 2 sind rein hypothetisch. — **S. 372, Z. 18.** Nach dem Götterlande scheint thatsächlich zur Zeit Tutmes III. ein Zug unternommen worden zu sein, denn auf einer Alabastervase zu Turin (Maspero, Rec. de trav. IV, p. 137) rühmt sich Tḥuti „ich erfüllte das Herz des Königs im Götterlande“, so dafs dieser Mann also dort gewesen sein mufs. — **Z. 22.** Mit Unrecht erklärt Meyer, Gesch. d. Alt. I, S. 235 (Gesch. Ägypt., S. 230 nimmt er seine Ansicht zurück) die Tenau für die Danaer. — **A. 1, Z. 7.** Ravisi in Mém. du Congr. prov. des Orient. St. Etienne II, p. 518 sqq. Maspero, Hist. anc., p. 202. Dem Beispiele Seti I. als Kopist der Inschrift folgte Ramses II. (L. D. III, 144). — **S. 373, Z. 7.** Die Reihenfolge der Herrscher Tutmes III., Amenophis II., Tutmes IV., Amenophis III. wird z. B. erwähnt L. D. III, 78 b. — **S. 374, Z. 20.** Von einer Anlage im Delta rühren drei in Alexandrien entdeckte, später von Tutmes IV., Mer-en-ptah und Seti II. usurpierte Säulen her (jetzt in Wien, publ. v. Bergmann, Rec. de trav. VII, p. 177 sq. — **Z. 30.** In Karnak errichtete er auch eine Reihe Säulen im Südteile des schmalen Saales, welcher die Obelisken der Ramaka umgiebt (Piehl, Act. du Congr. intern. de Leide IV, p. 203 sqq.). — **A. 3.** Vyse, Pyr., pl. zu p. 94, es ward hier im 4. Jahre durch den königlichen Schreiber und Vorsteher der Arbeiter in allen Tempeln des Nordens und Südens Chem ein neuer Bruch eröffnet. Als Grenzen des Reiches nennt die Stele Neharina im Norden und Karoi im Süden. — **A. 4.** Bouriant, Rec. de trav. VII, p. 129. — **S. 375, A. 17.** Die Büste in Bulaq stammt aus Karnak (Maspero, p. 426). — **S. 376, Z. 11.** Eine Thonkartouche ist in Samml. Lee (Lee, Cat., Nr. 282). — **Z. 16.** Die Stele des Nefer-ḥetep-u trägt einen kurzen Hymnus auf ihn (publ. Maspero, Rec. de trav. III, p. 109 sq.). — **A. 2** einer in Samml. Stroganoff, Nr 44. — **A. 7.** Vgl. Wiedemann, Act. du Congr. intern. de Leyde IV, p. 151. Die Stele des Mannes ist in London (Nr. 31; Lieblein, Nr. 601). — **A. 9** jetzt Nr. 45; publ. Maspero, Rec. de trav. III, p. 113; Champ.-Fig., Eg. anc. — **S. 377, Z. 4.** Ein Kalkfragment mit des Königs Namen ist in Turin (Nr. 36; publ. Maspero, Rec. de trav. III, p. 125). — **Z. 27.** Im Delta usurpierte er drei Säulen Amenophis II. (aus Alexandrien in Wien, publ. v. Bergmann, Rec. de trav. VII,

p. 177 sq.). — **S. 378, Z. 11.** Bei El Kab begann er den Bau des östlichen, von Amenophis III. ausgeschmückten Tempels (L. D. III, 80 b). — **Z. 22.** Eine Thonplatte in Nantes nennt seinen Vornamen (J. de Rougé, Mém. de la Soc. des ant. de France XLIII, p. 82, pl. 4). — **A. 1** statt 63 l. 68; Vyse, Pyr. III, pl. zu p. 114. — **S. 379, Z. 13** statt Erziehers des Königs l. Ḥek-er-ḥeḥ, welcher unter Tutmes IV. Erzieher eines Prinzen Ȧmen-ḥetep, d. h. wohl Amenophis III. war. — **Z. 16** statt und Priesters Ȧḥmes I. l. Pa-ȧa-ȧku, welcher u. a. einer Schenkung Ȧḥmes I. Erwähnung thut. — **Z. 19.** Derselben Zeit entstammt die Stele des Oberpriesters des Ȧn-ḥer Amenḥetep in London (Nr. 902; Lieblein, Nr. 602) und der Skarabäus seines Wedelträgers Tenau im Louvre (E. 3688; Pierret II, p. 127). — **A. 8.** Die Stele des Mannes in Turin. Vest. Nr. 41; publ. und übers. Maspero, Rec. de trav. IV, p. 129 sqq. — **A. 11.** Lieblein, Nr. 587, wo statt Tutmes III. vielmehr Tutmes IV. zu lesen ist. — **A. 12.** C. 202 publ. Pierret II, p. 35; Lieblein, Nr. 591; C. 53 publ. Pierret II, p. 14 sq. — **A. 13.** Lieblein, Nr. 603. — **A. 14.** Eine zweite Stele dieses Mannes ist in Stockholm (Nr. 24; Lieblein, Nr. 590). — **S. 380, A. 6.** Auf die Unterwerfung der Kusch und der Neger spielt auch eine Architravinschrift in Luqsor an (L. D. III, 73 d). — **A. 8.** Ein Architravtext in Luqsor (L. D. III, 73 f.) behauptet, das Wutgeschrei des Königs sei bis Neharina gelangt, die Furcht vor ihm in den Herzen der Bewohner des Landes gewesen.

S. 381, Z. 10 statt reiche Gaben l. die Liste der reichen Erträge, welche man einer sehr günstigen Nilüberschwemmung in seinem 30. Jahre verdankte. — **A. 6** einer in Samml. Stroganoff, Nr. 45. — **S. 382, Z. 11.** Skarabäen mit seinem Namen fanden sich in Gräbern bei Bubastis (Miss Edwards, The Times. 1 Juli 1887, p. 3). Bei dem Dorfe Meschayek (bei Girgeh) finden sich Reste eines von ihm erbauten Tempels (Sayce, Proc. 2 Juni 1885, p. 172). — **A. 3.** Mariette, Serapeum ed. Maspero I, p. 117. 124 sq. — **A. 5.** Die Stele, welche berichtet, dafs der König hier am 23. (?) Epiphi seines ersten Jahres Steinbrüche eröffnen liefs, ward von Sayce (Academy. 23 Jan. 1886, p. 60; publ. Proc. 3 Mai 1887, p. 195 sqq.; cf. p. 206) wieder aufgefunden. — **S. 383, A. 1.** Nach Birch, Hist. d'Eg., p. 107 hätte der König in seinem zehnten Jahre in Karnak dem Aten ein Fest gefeiert (?). — **A. 4.** Weiter stammt wohl von hier die von Vyse, Pyr. I, pl. zu p. 82 publizierte Statue des Königs. — **A. 7.** Zu Louvre A. 3 vgl. Pierret II, p. 2; zu Turin Gazzera, Lettera, p. 16—19, pl. 3, Nr. 1—3; Maspero, Rec. de trav. III, p. 126; Orcurti, Mon. rel., Nr. 7—11. Zwei weitere waren in Samml. Lee (Lee, Cat., Nr. 577. 582). — **S. 384, Z. 5.**

Der Tempel erhob sich unmittelbar am Nil und ward daher von Amenophis III. durch einen z. T. erhaltenen Quai gegen Unterwaschungen geschützt (Miss Edwards, Academy. 21 Maerz 1885, p. 212). — A. 3. Um Kalkblöcke für diesen Bau zu gewinnen, liefs der Herrscher am ersten Tage seines ersten Jahres einen Steinbruch zu Turrah eröffnen (Stele von Turrah bei L. D. III, 71 a). — A. 6 übers. Erman, Ägypt., S. 214 f. Für den Tempel vgl. Rev. ég. III, 131. — S. 385, A. 1. L. D. IV, 67 c. d. Vgl. Piehl, Ägypt. Zeitschr. 1887, S. 117 f. Die Annahme desselben, man habe den Vater des Mannes mit dem Apis identifiziert, ist nicht richtig; das Bild des Apis dient an der betreffenden Stelle nur als Ideogramm für das Wort Ḥapi. — A. 6. Champ. Not., p. 265 sq. — A. 9 vgl. Perrot, Ägypt., S. 370 ff.; Maspero, Arch., p. 66 sq. — A. 11. Dabei spielt der königliche Schreiber Amen-ḥetep eine gröfsere Rolle (L. D. III, 83 b—c); auch die Feier der Apotheose des Königs, welche er selbst bei Lebzeiten abhielt, wird behandelt. — S. 386, A. 4. Nach O. Fraas, dem u. a. Ebers, Cicerone II, p. 121. 246 folgt, stammt der Stein vom roten Berge bei Kairo. — A. 6 statt u. s. f. l. 4731. — S. 387, A. 5. Besucherinschriften auch C. J. Lat. III, Nr. 30—66; vgl. Friedländer, Sittengesch. Roms I, S. 342. Philostratos, Apollonius VI, 4 schildert den Besuch des Apollonius bei dem von Trümmern aller Art umgebenen Memnon. — A. 6. Vyse, Pyr. I, p. 93. — S. 388, A. 6. Eine Statue des Königs in Alnwick Castle (vgl. Athenaeum, Nr. 2906, p. 24). Porträt des Königs bei Perrot, Ägypt., S. 719 aus Champ. Mon., pl. 232. — S. 389, Z. 19. Beide Turiner Texte publ. Maspero, Rec. de trav. III, p. 126 sq. — A. 14. Mit dem Vornamen: in Dresden zwei (Jap. Pal., Nr. 137 und ohne Nr.); Samml. Stroganoff einer (Nr. 58); drei fanden sich in Tanis (Petrie, Tanis 12, Nr. 35. 37—38). Vielleicht gehören hierher auch die merkwürdigen Skarabäen mit Ra-neb (oder mâu)-Maā bei Lepsius, Königsb., Nr. 869. Mit dem Nachnamen: Samml. Herzsohn einer; einer fand sich in Sardinien (Bull. arch. Sardo III, pl. I, 13; Ebers, Bull. dell'Inst. di corresp. arch. 1883, p. 83). — S. 390, A. 1. Einer in Bulaq stammt von der Insel Sai in Nubien (Maspero, p. 92). — A. 2 in Samml. Stroganoff einer Nr. 46. — A. 3. Aus Thon einer in Dresden (Jap. Pal. Nr. 52). — A. 9. Ein gleiches Amulett in Samml. Stroganoff, Nr. 51 nennt den König und seine Gemahlin.

S. 391, Z. 4. Zu Turin vgl. Maspero, Rec. de trav. III, p. 127. Ebenda befindet sich eine mit weifsem Stuck bedeckte grofse Holzplatte mit seinen Kartouchen (publ. Maspero, l. c.). — A. 1 ebenso eines in Bulaq (Maspero, p. 95). Für derartige Monumente vgl. Thédenat, Mém. de la Soc. des ant. de France XLI, p. 163 sqq. — A. 9 in Samml. Stroganoff eine (Nr. 50). — A. 10 in Samml. Stroganoff eine (Nr. 48). —

S. 392, Z. 10 zu Bulaq vgl. Maspero, Rec. de trav. III, p. 111. — Z. 18. Eine Statue in Turin nennt den Propheten des Amenophis Pa-neḥsi (Lieblein, Nr. 607), eine Stele in London seinen Priester Ȧnȧnt (? Nr. 303; Lieblein, Nr. 674). — A. 1 eines in Samml. Stroganoff, Nr. 53. — S. 393, Z. 4. Seine Kartouche erscheint in Verbindung mit der des Amen-tut-ānch (L. D. III, 119a). — Z. 14. Ebers, Cicerone II, S. 241 hält Tii trotzdem für eine Tochter des mesopotamischen Königs Satârna (s. S. 381). — A. 1. Die Angabe von Erman, Ägypt., S. 93 und Meyer, Gesch. d. Alt., § 225 hier in Nubien habe man zum erstenmal den Schritt gethan, dem noch lebenden Könige Opfer darzubringen, ist unrichtig. Schon Ramaka (L. D. III, 19, 2a) und Tutmes III. (L. D. III, 34d. 36a. 38) erscheinen in Theben bei Lebzeiten als Götter verehrt. — A. 6 einer in Wien (Nr. 735c; vgl. v. Bergmann, Übers. 6. Aufl., S. 21). — A. 7. Pierret II, p. 42sq. Die Stele ihres Oberkochs Ba-kaï ist in London (Nr. 289; Lieblein, Nr. 681). — A. 9. Porträt auch Perrot, Ägypt., S. 725. Der Gleichsetzung beider Königinnen widersprach mit Recht Bouriant, Rec. de trav. VI, p. 51sq. — S. 394, A. 1. Unhaltbar ist die Ansicht von Cook, Holy Bible I. 1, p. 460, sie sei eine Jüdin gewesen. — A. 7 aus Rouen publ. Loret, Rec. de trav. II, p. 153; einer in London (Nr. 9651); einer in Samml. Eisenlohr. Vgl. Wiedemann, Act. du Congr. intern. de Leide IV, p. 145. — S. 395, Z. 2 statt Amen-āa-nen l. des Amen Āa-nen. — Z. 3. Stele in Turin, Nr. 50; Orcurti, Mon. civ., Nr. 1; publ. Maspero, Rec. de trav. III, p. 126; Lieblein, Nr. 606. — Z. 11 zu Aix vgl. Pierret, Rec. de trav. II, p. 38. — Z. 16. Ferner die Stele der Baumeister Suti und Ḥor in London (publ. und übers. Birch, Transact. Soc. Bibl. Arch. III, p. 143sqq.; cf. Proc. III, p. 56sqq.; Pierret, Rec. de trav. I, p. 70sqq.) und die des Bauernvorstehers Tḥuti-mes ebenda (Nr. 295; Lieblein, Nr. 605). — A. 1. Eine zweite Statue desselben ist im Louvre A. 52 (Pierret II, p. 38); ein Torso in London (Lieblein, Nr. 604). — A. 4. Eine weitere Statue aus dieser Zeit ist in Miramar (Reinisch, Ägypt. Denkm., pl. 29, S. 229). — A. 5. Eine Statue des Mannes ist in Berlin (Lieblein, Nr. 967). — A. 6. Lieblein, Nr. 611. — A. 7. Lieblein, Nr. 608. — A. 8. Pierret II, p. 43sq. — A. 10 jetzt Nr. 31; publ. Maspero, Rec. de trav. III, p. 125sq. — A. 13. Cf. Piehl, Inscr., pl. 120. — S. 396, Z. 1 statt Chā-em-ḥā-t l. Ur-en-mā. — Z. 19. Anfangs hatte der König den Gott Amon-Ra neben Ra in seinen Inschriften genannt (L. D. III, 110d, i). Aus der Übergangszeit stammt ein Relief in Soleb (L. D. III, 110k), auf welchem er in der gewöhnlichen Gestalt der Pharaonen, aber mit dem Namen Chu-en-âten vor Amenophis III., dem Herrn von Nubien und vor Amon-Ra erscheint. — A. 2. Nach vgl. l. „das Grab des Chā-em-ḥā-t aus derselben Zeit bei Loret, Mém. de la Miss. arch. du Caire I, 1 und Brugsch, S. 415 ff. Ferner gehört in diese Zeit das Grab des àm-chent Amen-ḥetep (publ. Loret, l. c.). — A. 9. Die Ausführungen von Meyer, Gesch. Ägypt., S. 260 ff. über den Verlauf der „monotheistischen Reformation Chuenatens" enthalten lediglich Hypothesen; die von Lund, Proc. Soc. Bibl. Arch. IV, p. 96 sqq. sind rein phantastisch. Wertvolle neue Texte für die Zeit bei Bouriant, deux jours de fouilles à Tell-el-Amarna in Mém. de la Miss. arch. du Caire I, 1. — S. 397, A. 2. Stuart, Nile Gleanings, p. 299; Bouriant, Rec. de trav. VI, p. 55 sq. Piehl, Ägypt. Zeitschr. 1883, S. 127 ff.; 1887, S. 37 ff. Ebers, Cicerone II, p. 248 bemerkt, er habe 1872 das Grab eröffnen lassen. In Tell el Amarna fand sich das Grab eines ähnlich genannten Ramses, der unter Amenophis III. seine Laufbahn begann. — S. 399, Z. 19. In Memphis stammte aus der Zeit Amenophis III. und Chu-en-àtens das Grab des Ptaḥ-maï (Fragmente in Bulaq; Maspero, p. 304 sqq.); auch das des Chā-em-us scheint hierher zu gehören (Maspero, p. 427 sqq.). Skulpturen aus der Zeit fand Wilkinson, M. e. C. IV, p. 298 bei Kûs. — A. 2. Jetzt in Samml. Wilbour (Bouriant, Rec. de trav. VI, p. 53). — A. 3. Mariette, Mastaba, p. 449. — A. 4. Mariette, Mon. div., pl. 56. 2; Maspero, p. 41. — A. 7. Golenischeff, Hamm I, 6 (vgl. I, 8; III, 5). — A. 9. Vgl. Bouriant, Rec. de trav. VI, p. 51 sqq.

S. 401, A. 7. Zum Hausplan vgl. Maspero, Arch., p. 16 sqq. — S. 402, Z. 20. Ein Goldring mit dem Namen der Königin Àten-nefer-u-nefer-ti-aït ist im Louvre (Revillout, Rev. ég. III, p. 44). — A. 2. Die Louvrestatue bei Rayet, Mon. de l'art ant. livr. 3; weniger gut bei Ebers, Ägypt. II, S. 68. 301; Perrot, Ägypt., S. 631; Erman, Ägypt., S. 75 und Meyer, Gesch. Ägypt., S. 263. — A. 4. Seither von Wilbour Bulaq geschenkt (Maspero, p. 420 sq.). — A. 6. Vgl. Maspero, Rec. de trav. III, p. 127. — A. 11 aus Thon in Samml. Sayce. — S. 403, Z. 21. Die Annahme von Ebers, Cicerone II, S. 248, dafs Ai den König stürzte, erscheint nicht wahrscheinlich. — Z. 22 eine Thonform aus Tell el Amarna zeigt seine Kartouche (in Samml. Myers; vgl. Sayce, Acad. 23 Jan. 1886, p. 60). — A. 6. Ein Amulett aus Tell el Amarna nennt die Prinzefsin Amen-Ra-Mert, welche wohl identisch ist mit Aten-mert. (Samml. Lansing; Sayce, Acad. 21. Febr. 1885, p. 134). — S. 404, Z. 6. Vgl. dazu Piehl, Ägypt. Zeitschr. 1884, S. 41. In Theben restaurierte er Bauten seines Vorfahren Tutmes IV. (Proc. X, 130). — Z. 6. Ein Grab aus seiner Zeit fand sich bei Ekhmin (Maspero, Bull. de l'Inst. Eg., II Ser., Nr. 6, p. 87). — Z. 13. Eine Kartouche trägt den Nachnamen (Samml Stroganoff, Nr. 59). — A. 1. Vgl. Lieblein, Ägypt. Zeitschr.

1885, S. 131f.; nach Lepsius publ. bei Meyer, Gesch. Ägypt. Taf. zu Lief. 2. — **A. 3.** Reproduziert Mariette, Le Serapeum ed. Maspero I, p. 125sq. — **A. 4** einer in Dresden (Jap. Pal., Nr. 62). — **A. 8** aus Thon einer in Samml. Stroganoff (Nr. 60). — **A. 13.** Ein Uschebti der Keṭet aus der Zeit des Aten-Kults ist in Zürich (Wiedemann, Proc. 2 Juni 1885, p. 201 sq.). — **S. 405, Z. 5.** Diesem Ai gehören wohl auch drei Elfenbeinstücke des Wedelträgers, Gestütsvorstehers e. c. Ai in Turin an (publ. Maspero, Rec. de trav. III, p. 127). — **A. 2.** Erman, Ägypt., S. 175 und Meyer, Gesch. Ägypt., S. 270 behaupten, alle drei Gräber gehörten ein und derselben Person an; der einzige Grund dafür, dafs ihre Inhaber den Namen Ai tragen und hohe Würdeträger waren, ist, da Ai ein ganz gewöhnlicher Name ist, nicht ausschlaggebend. — **A. 9.** Vielleicht bis an zu streichen. — **A. 10.** Stroganoff einer (Nr. 61). — **S. 406, Z. 22** nach Namens einzuschieben etwa fünf Generationen. — **A. 1** publ. und übers. Budge, Transact. Soc. Bibl. Arch. VIII, p. 301 sqq. 306 sqq. — **A. 2.** Pierret II, p. 90 sqq.; Budge l. c., p. 303 sqq. 312 sqq.; Lieblein, Nr. 615; vgl. de Rougé, Not. somm., p. 57. — **A. 4** reprod. Mariette, Serapeum ed. Maspero I, p. 131 sqq. Hier fanden sich auch die vier grofsen Kanopen Louvre, S 1164—1167. — **A. 5.** Lauth, Corresp. der Deutsch. Anthrop. Gesellsch. XV, S. 50 identifiziert ihn mit Unrecht mit Mer-en-ptah. — **A. 9.** Maspero, Cont. pop., p. XXXI, liest Mirâbphtah (Mer-neb-Ptah) und hält dies für eine, vielleicht absichtliche Entstellung von Mer-en-ptah. — **S. 407, Z. 8—11 und Z. 16—20** zu streichen und statt dessen einzuschieben Ra-ḥetep-u. Ein König dieses Namens spielt in einer Zaubergeschichte eine gewisse Rolle; ihr Held, sein Hausvorsteher, starb im Epiphi des 14. Jahres des Königs Ra-men-ḥetep-u, wohl seines Nachfolgers. Der Inhalt des Textes, den Ostraka zu Florenz[2] und im Louvre[6] tragen, ist ganz unklar. Skarabäen mit dem Namen des Ra-ḥetep-u haben sich erhalten[3]. — **A. 2.** Die Transcription von Erman ist unvollständig; publ. von Golenischeff, Rec. de trav. III, p. 3 sqq.; vgl. Maspero, Cont. pop., p. LXVII, 199 sq. — **A. 3** einer in Samml. Stroganoff, Nr. 20. Vgl. den König Ra-ḥetep-u bei Lepsius, Königsb., Nr. 217. — **A. 5.** Lincke las dabei die Kartouche Ra-se-ptu-âm, Devéria schlug die Lesung Ra-ḥept-âm vor. — **S. 409, Z. 13.** Nach einer langen, leider schlecht erhaltenen Stele zu Karnak liefs es sich der König besonders angelegen sein, die Bauern gegen Übergriffe der Beamten zu schützen (publ. Bouriant, Rec. de trav. VI, p. 41—51; vgl. Piehl, Ägypt. Zeitschr. 1885, S. 86f.). — **Z. 29.** Im Westen von Alexandrien fanden sich monolithe Säulen, welche in den Canneluren seinen Namen trugen (Perrot, Ägypt., S. 473). — **A. 4.** Mariette, Serapeum ed. Maspero I, p. 66 sqq. 126 sqq.

S. 411, A. 7 in Samml. Stroganoff einer Nr. 54. — A. 10 der aus dem Louvre publ. Perrot, Ägypt., S. 675. Aus Thon in Samml. Sayce einer; einer ebenda trägt den Nachnamen. — S. 412, Z. 5 statt Pa-Set l. Pa-Ḥer-ur. — A. 1. Lieblein, Nr. 616. — A. 2. Lieblein, Nr. 619. — A. 6. Vgl. Maspero, Rev. scient. II. Ser. XV, p. 817 sq. — A. 7. Eine zweite Stele aus dem Grabe ist in Leyden (V. 29; publ. Wiedemann, Ägypt. Zeitschr. 1885, S. 80 ff.); zwei Thürpfosten und ein Architrav sind im Louvre (C. 68—70; Pierret II, p. 57). — S. 413, Z. 15. Meyer, Gesch. d. Alt. I, S. 274 erklärt Birchs Ansicht für kaum haltbar; (auch Maspero, Hist. anc., p. 214 hat sich gegen dieselbe ausgesprochen); Gesch. Ägypt., S. 271 f. behauptet er, beide Männer seien identisch; Ḥoremḥeb habe das Grab in Saqqarah vor seiner Thronbesteigung anlegen lassen. Auch das ist nur eine Hypothese, die dadurch, dafs Meyer ohne Grund vermutet, Ḥoremḥebs Vorgänger sei geisteskrank gewesen, nicht wahrscheinlicher wird. — A. 2. Ebers, Cicerone I, p. 91; II, p. 249 folgt de Rougé. Fritsch, Verh. d. Berl. anthrop. Gesellsch. 1883, S. 186 (ihm widersprach Andree a. a. O., S. 412) leitet von Ramses-Nase das deutsche Ramsnase ab! — S. 414, Z. 9. Maspero, Arch., p. 151 vermutet, das Biban el Moluk sei ursprünglich eine Art Bassin gewesen, erst Ḥor-em-ḥeb oder Ramses I. hätten den Berg durchbrechen und den jetzigen Zugang schaffen lassen. Diese Ansicht erscheint wenig wahrscheinlich. Der Sockel einer Statue des Königs ist im Louvre (publ. Revillout, Rev. ég. III, p. 46). — A. 4. Der in Bulaq stammt aus Kom Abu-Chanzir (Mariette, Mon. div., pl. 32; Maspero, p. 92). Zwei in Samml. Stroganoff (Nr. 62. 66). Ein in Naucratis gefundener Skarabäus mit der Inschrift Ra-men-ḥā (Petrie, Naucratis, pl. 37. 46) ist wohl eine ungeschickte Nachahmung eines Stückes Ramses I. — A. 7. Ein lateinisches Grafito C. J. Lat. III, Nr. 73. Witte, Über den Ursprung der Pyramiden, S. 63 f. hielt originellerweise die Königsgräber für vulkanische Naturprodukte. — S. 415, A. 2. Die Ausführungen von Rochemonteix, Rec. de trav. VIII, p. 192 sq. erscheinen wenig wahrscheinlich. — S. 416, Z. 6 statt 27 l. 9. — S. 417, Z. 12. Kanāna lag bei Chirbet-Kanaan, südlich von Hebron (Conder, Quart. stat. of the Pal. Expl. fund. 1883 Oct., p. 175 sq Tomkins, l. c. 1884, p. 57 sqq). — Z. 16. Die Unterwerfung der Chal auch erwähnt L. D. III, 141 g. — S. 418, Z. 23. Die Inschrift L. D. III, 129 l. 11 meint, die Gottheit selbst habe dem Könige die Wege nach Punt eröffnet. — A. 6. Die Angabe Meyer, Gesch. d. Alt. I, S. 280; Gesch. Ägypt., S. 285, der Krieg falle in die spätern Jahre des Königs, ist unrichtig.

S. 421, Z. 1. Vom bis Bulaq zu streichen. — Z. 7. In Kantara errichtete er eine kleine Kapelle; eine Sandsteinstatue des Horussperbers nennt hier seinen, eine zweite Ramses II. Namen (Academy. 25. Dez. 1886, p. 434; Griffith, 4th ann. rep. of Egypt expl. fund. p. 12). Bei Tell el Yehudah entdeckte man eine Steinplatte mit der Angabe, Seti I. habe dem Ra-Harmachis in Ȧn (Tell-el-Yehudah) einen Tempel erbaut (publ. Gorringe, Egyptian Obelisks 1882 und E. Brugsch, Rec. de trav. VIII, p. 1 sqq. Letzterer hielt die Darstellungen oben auf der Platte für einen Plan des Tempels zu Heliopolis; Miss Edwards, Acad. 19 Febr. 1887, p. 137 das Ganze mit Recht für eine Libationsplatte). — A. 1 zu streichen. — A. 7. Mariette, Serapeum ed. Maspero, p. 137. — A. 10. Vgl. Ebers, Cicerone II, S. 184 ff. Phönizische Grafiti von hier bei Derenbourg, Les inscr. phén. du temple de Seti à Abydos. Paris 1886. Eine Thür aus dem Tempel in Bulaq (Maspero, p. 74). — A. 11 zu Bulaq vgl. Maspero, Arch., p. 47. — S. 422, A. 4. L. D. III, 24. Auch auf den stehenden Obelisken setzte er seinen Namen (L. D. III, 22—23). — A. 8. L. D. III, 37 b. — A. 12. Er setzte dabei mehrfach seinen Namen über den Amenophis III. (L. D. III, 80 a). — A. 13. Reinisch, Chr. I, pl. 9. — S. 423, A. 14. Golenischeff, Hammamât, pl. III, 5. — A. 15 hinter 372 l. 1871 II, S. 190 f. — S. 424, Z. 18. Das Gewicht bei Maspero, p. 233. 245. — A. 1. Samml. Stroganoff einer (Nr. 67); einer fand sich in Naukratis (Petrie, Naucratis, pl. 38, Nr. 182) einer in Samml. Schackenborg (Schack, Rec. de trav. IV, p. 40). — A. 11 aus Abydos (Maspero, p. 123) — A. 14. Für Bruchstücke glasierter Ziegel mit seinem Namen vgl. Maspero, Arch., p. 257. — A. 15 eine Vase in Samml. Stroganoff, Nr. 71. — A. 17. Vgl. Maspero, p 105. — S. 425, A. 2. Maspero, Rec. de trav. III, p. 113. — A. 7. Perrot, Ägypt, pl. 3. Der Naos einer naophoren Statue des Königs (?) ist in Miramar (Reinisch, Ägypt Denkm., pl. 29, S. 230). — A. 8 einer in Bonn (Universitätsmuseum); zwei in Samml. Lee (Lee, Cat., Nr. 407—408). — S. 426, Z. 7. Der Versuch Lauths, Korresp. der Deutsch. anthrop. Gesell. XV, S. 52, hieraus Pa-Ḥesiri zu bilden und dies mit Busiris zu identifizieren, ist nicht gelungen. — A. 1, Z. 9 hinter 31 f. l. Sieber, Über Ägypt. Mumien. Wien 1820, S. 39 f. — Z. 22. Vgl. Brugsch, die neue Weltordnung nach Vernichtung des sündigen Menschengeschlechts, 1881. Die Annahme Ermans, Ägypt Zeitschr. 1881, S. 43, die Sage entstamme in dieser Form der Pyramidenzeit, ist unerwiesen. — Z. 26 in Samml. Lee (Cat., Nr. 563—565). — Z. 29. Eine vortreffliche vollständige Publikation des Grabes gab Lefébure, Les hypogées royaux de Thèbes I. Paris 1886 (in Ann. du Musée Guimet IX und in Publ. de l'éc. franç. d'arch. du Caire II). — S. 427, Z. 9. Die Mumie war lang, fleischlos, gelblichschwarz; der Kopf rasiert, die Augenbrauen weifs, die sichtbaren Zähne gleichfalls weifs und gut erhalten, die Züge edel, fein und intelligent. Der Körperbau war kräftig und gesund, zeigte aber, dafs der Tote schon bejahrt gewesen war (Academy 24 Juli 1886, p. 61; 31 Juli 1886, p. 78; Maspero, Rec. de trav. VIII, p. 180 sq.; der Kopf bei Meyer, Gesch. Ägypt., S. 285). — **Z. 17.** Auf den Mumienbinden selbst war notiert, dafs man am 16. Mechir des neunten Jahres die Mumie neu bekleidete und im sechsten Jahre des Oberpriesters Mencheper-Ra die Binden neu herstellte (Maspero, Acad. 31 Juli 1886, p. 78). — **Z. 21.** Schon bei Lebzeiten liefs sich Seti als Gott darstellen (L. D III, 37 b). — **A. 1.** Das Grab wird dabei als Grab 40 bezeichnet. — **A. 2.** Vgl. Pierret, Rev. arch. N. S. XXI, p. 299 und Lieblein, Act. du Congr. des Orient. IV, p. 71 sqq. — **S. 428, Z. 13.** Der Totenkasten des Ḥor-nefer im Louvre (Inv. 4011; publ. Pierret II, p. 110) erwähnt den Kult. — **Z. 26.** Weiter gehörten hierher die Stele des Rechnungsbeamten Ḥui-scherȧ in Stockholm (Lieblein, Nr. 882) und die Statue des Oberpriesters des Ptah in Memphis Ȧi-ri im Louvre (A. 71; Pierret I, p. 10). — **A. 4.** Die Maske Ebers, Ägypt. II, S. 305; Cicerone II, S. 250. Der Name der Königin findet sich neben dem Ramses II. zu Tanis (Daninos, Rec. de trav. rel. e. c. IX, p. 18). — **A. 6.** Lieblein, Nr. 796. — **A. 7.** Pierret II, p. 20. — **A. 8.** Pierret II, p. 22. — **A. 9.** Pierret II, p. 10; Maspero, Rev. scient. II Ser. XV, p. 817. — **S. 430, A. 1.** Vgl. Ed. Toda, Estudios egiptológicos. Sesostris. Madrid 1886.

S. 431, A. 3. Der neuerdings wieder von Graf, Ausland 1884, S. 163 ff. 186 ff. angestellte Versuch, das Monument von Ninfi als ein ägyptisches Werk Amenemḥā I. zu erweisen, ist mifslungen. — **S. 432, A. 5.** Aristoteles, Polit. VII, 10; vgl. Revillout, La caste militaire in Rev. ég. III, p. 101 sqq. Nach Johannes von Nikiu (Zotenberg, p. 474) der dabei auf Her. II, 108—109 beruht, hatte der König das Steuerwesen eingerichtet und die Kriegsgefangenen die Erde bearbeiten und die ägyptischen Sümpfe ausfüllen und zu Kulturland machen lassen. — **S. 434, Z. 1.** Diese Abbildungen sind alle Basreliefs und nicht Gemälde, wie Meyer, Gesch. Ägypt., S. 301 angiebt. — **Z. 8** nach Luqsor l. an der Nordseite [8], ebendort an der Südseite (hier sind nur Bruchstücke erhalten; vgl. Brugsch, Rec. pl 53). — **Z. 9** statt Raifé l. Raifet. — **A. 1** nach 701 sqq. l. vgl. Guieysse, Rec. de trav. VIII, p. 120 sqq. nach 52 l. L. D. III, 153. Reinisch, Chr. I, pl. 11. Vgl. Erman, Ägypt., S. 696 ff. — **A. 4.** Vgl. Guieysse, l. c., p. 122 sqq. — **A. 6.** Vgl. Erman, Deutsche Rundschau XXXI, S. 150. Ebers, Cicerone II, S. 254 hält an der Autorschaft des Pentaur fest. — **A. 7.** de Rougé, Rec. d'Inscr., pl. 206 sqq. —

A. 10. Vgl. Ravisi, Mém. du Congr. prov. des Orient. St. Etienne I, p. 539 sqq. Zusammenstellung der verschiedenen Versionen, Übersetzung und Kommentar von de Rougé, Rev. égypt. III, p. 149 sqq.; IV, p. 89 sqq. 124 sqq.; V, 15 sqq. — A. 11. Für Syrien im allgemeinen vgl. Maspero, La Syrie avant l'invasion des Hébreux in Rev. des études Juives XIV. Die Ausführungen von Lieblein, Trav. du Congr. intern. de St. Petersburg II, p. 345 sqq. erscheinen meist unhaltbar. — S. 435, Z. 5. Auf den analogen Namen Sapalulni für einen syrischen König um 859 v. Chr. (III Rawl. 7. 42) wies Meyer, Gesch. des Alt. I, S. 279 hin. — A. 3. Der Unterwerfung der Cheta gedenkt eine Felsinschrift vom 26. Epiphi des zweiten Jahres bei Assuan (L. D. III, 175 g). — A. 5. Vgl. Proc. IV. p. 6 sqq. — S. 436, A. 1. Maspero (Rec. de trav. rel. e. c. VIII, p. 84 sq.; Hist. anc., p. 221) hat sich Rougé angeschlossen. — S. 438, A. 6. Die Übersetzung von Brugsch auch bei Sayce, Alte Denkm., S. 210 ff. eine neue Erman, Äg., S. 704 ff. — S. 440, A. 1 statt 34 l. 35 (L. D. III, 194, l. 26); auf ihr und Übersetzt bis XII zu streichen. Eine Steatittafel mit dem Namen dieser Königin und dem Ramses II. fand sich bei Tell-el-Yehudah (publ. Mifs Edwards, Ill. London News. 1887, p. 356.

S. 441, Z. 4. Diese Adoption kann nicht vor dem Jahr 62 erfolgt sein, denn aus diesem stammt die Stele des Schreibers des Königs Nefer-ḥer in London (Nr. 163; Lieblein, Nr. 889), welche nur Ramses II. als König nennt. — S. 443, A. 1. Auch Brugsch in Schorers Familienblatt IV, S. 41 widerspricht Maspero. — A. 4, Z. 4 nach 105 sq.; Brugsch, Deutsche Rev. IX, S. 340 f. — Z. 6 nach 102 Brugsch, l. c. S. 344 f. Vgl den ähnlichen Brief Anastasi III, pl. I, 11 — III, 9 (vgl. Chabas, Mél. ég. II; Maspero, Genre ép. p. 103 sqq.) und das Duplikat des Textes (pl. I, 12 — II, 7) in der Samml. Erzherzog Rainer in Wien (Krall bei Hartel, Uber die griechischen Papyri Rainer Wien 1886, p. 57). — Z. 8. Vgl. Naville, Journ. de Genève. 22 Juni 1882; Petrie, Academy. 15 Maerz 1884, p. 192 sq.; 14 Juni 1884, p. 428 sq.; Miss Edwards, Academy 26 Juli 1884, p. 66 sq. und Harpers New Monthly Mag. Okt. 1886, p. 725 sqq.; Mariette, Rec. de trav. e. c. IX, p. 1 sqq. Eine eingehende Zusammenstellung der Monumente Ramses II. von hier bei Petrie, Tanis I. — A. 6. Weitere Obelisken fand Petrie (Academy, 26 Juli 1884, p. 67), ebenso wie das Unterteil einer vom Könige dem Ptah geweihten Statue (l. c. 27 Febr. 1886, p. 154). — S. 444, Z. 3 statt Gründer l. Neu-Gründer. — Z. 7. Denkmäler aus seiner Zeit, welche Hathor, bzw. Sechet nennen und zwei Statuen des Königs fanden sich bei Kom-el-Husn, dem alten Amu bei Naukratis, und bezeichnen die Stelle eines grofsen Tempels (Academy. 2 Jan. 1886, 1886, p. 16; Griffith, 4th ann. rep. of Eg. expl. fund, p. 9). — **Z. 11.** Den Tempel von Bubastis, den bereits Pepi I. begann, fand Naville wieder, in ihm lagen Bruchstücke zahlreicher Statuen des Königs (Miss Edwards, The Times. 1 Juli 1887, p. 3; Ill. London News. 1887, p. 357 sq.). — **Z. 14.** In Kantara errichtete er eine Sperberstatue (s. S. 421). — **Z. 18.** Bruchstücke seiner Kolossalstatue liegen bei Saft-el-Henneh (Nav., Gosh., p. 35); Blöcke mit seinem Namen bei Fakûs (Nav., l. c., p. 22; Ebers, Ciccrone I, S. 84), Tell Rotab im Wadi Tumilat (Nav., l. c., p. 24), Belbeis (Nav., Acad. 19 Febr. 1887, p. 137). — **A. 6.** Prisse, Mon. pl. 19; cf. Linant, Trav., p. 127. 148. — **A. 7** nach 53 l. Naville, Pithom, pl. 12. Vgl. Naville, l. c., p. 2 sqq. 11; Ebers, Ägyptische Zeitschr. 1885, S. 45 ff.; Dillmann in Berliner Sitzungsber. 30 Juli 1885. Photographien von hier bei Petrie, Tanis I, pl. 16. — **A. 8.** Ein Thor nannte ihn hier (Lee, Cat. of eg. ant. at Hartwellhouse, p. 67). Eine Statue stellte ihn neben Ra dar (Naville, Acad. 19 Febr. 1887, p. 137). — **A. 11.** Eine Stele im Louvre (C. 94; Pierret II, p. 50) gedenkt der von ihm errichteten grofsen Mauer zu Heliopolis. — **S. 445, Z. 22.** Im Serapeum trug eine Statuenbasis seine Kartouchen (Mariette, Mastaba, p. 445). — **A. 1.** Vyse, Pyr. I, pl. zu p. 159, p. 160. Vielleicht ist dieser Mann identisch mit dem Vorsteher der Ochsen am Amon-Tempel (zu Theben?), den eine Stele zu London nennt (Nr. 132; Lieblein, Nr. 890). — **A. 6.** Lieblein, Nr. 883. — **A. 8.** Ḥuī heifst Vorsteher des Ra-Tempels im Süden von Memphis. — **A. 9.** Das Proskynema bei Vyse, Pyr. III, pl. zu p. 117. Auch ein Fragment mit dem Namen Ramses II. fand sich hier (Vyse, l. c., pl. zu p. 109). Bei den Apis-Stieren wird Jahr 16, 26 und 30 genannt (vgl. Mariette, Serapeum ed. Maspero I, p. 137 sqq.). — **S. 446, Z. 12.** Bei dem Orte Etneh (bei Minieh) tragen Blöcke seinen Namen (Sayce, Acad. 21 Febr. 1885, p. 134; Proc. 2 Juni 1885, p. 176). Bei Ekhmin nennt ihn ein Säulenfragment (Schiaparelli, Et. déd. à Leemans, p. 85). Bei Meschayek (bei Girgeh) finden sich Reste eines seiner Tempel, den er mit Statuen der Sechet, die er aus Karnak hatte wegführen lassen, schmückte (Sayce, Proc. 2 Juni 1885, p. 172; Maspero, Acad. 19 Aug. 1885, p. 110; Bull. de l'Inst. Eg. II Ser., Nr. 6, p. 90 sq.). — **A. 2.** Vgl. Sayce, Acad. 21 Febr. 1885, p. 134. — **A. 7.** Plan des Tempels bei Perrot, Ägypt., S. 365. — **S. 447, A. 5.** Fragmente von hier in Samml. Lee (Lee, Cat., Nr. 415). — **S. 448, A. 3.** Von dem Vorsteher der Ochsen an einer dieser Anlagen Ramses II., Namens Pa-Ra-em-ḥeb ist ein Uschebti in Rouen (publ. Loret, Rec. de trav. II, p. 151). — **A. 5.** Dafs der Obelisk einst ein Pyramidion von vergoldeter Bronze trug, machte Hittorff, Précis sur les Pyramidions, Paris 1836 sehr wahrscheinlich. — A. 6. Vgl. auch Eisenlohr, Ägypt. Zeitschr. 1885, S. 52. — S. 450, A. 1. Rochemonteix, Rec. de trav. VII, p. 193 hält den Bau für den grofsen Tempel von Medinet-Abu. — A. 2 nach 172 a—c l. vgl. Ebers, Ägypt. I, S. 116; Cicerone I, S. 92. Nach 23 l. Vyse, Pyr. I, p. 90. — A. 4. Lieblein, Nr. 905. — A. 6. Eine Liste der Beamten an dem Palaste Pa-âḥu Ramses II. findet sich auf einer Lederrolle (im Louvre; publ. Virey, Mém. de la Miss. arch. franç. au Caire I, 3; vgl. Eisenlohr, Ägypt. Zeitschr. 1885, S. 53). Ein Pyramidion in Wien (publ. v. Bergmann, Rec. de trav. IX, p. 51) nennt Meri-Ramses, Bak-en-Chunsu und .... sesi, welche am Ramesseum Priester waren. — A. 7. Ebers, Cicerone II, S. 290. — A. 8. Champ. Not., p. 265 sq.

S. 452, Z. 13. Der Bau war am 25. Paophi des Jahres 1 bereits begonnen (L. D. III, 189 a). — A. 5. Die historischen Inschriften des Tempels behandelte eingehend Guieysse, Rec. de trav. VIII, p. 120—143. — S. 453, Z. 13. Die Stele datiert vom 4. Tybi des dritten Jahres. — A. 5 publ. Reinisch, Chr. I, pl. 10. Die Titulatur des Königs übers. Erman, Ägypt., S. 90; einzelne Stellen, a. a. O., S. 109, andere (l. 9. 10. 15) Piehl, Rec. de trav. III, p. 68 sqq.; vgl. Wiedemann, Gesch. Ägypt., S. 8. — S. 454, A. 1. Vgl. Revillout, Rev. ég. III, p. 14. — S. 455, A. 7. Petrie, Tanis, p. 10. — A. 8. Petrie, Tanis, p. 10. — S. 456, Z. 3. Das Fragment einer Ptah-Statue ist in Berlin (Nr. 2274, 272). — Z. 16 statt eines bis Kindes l. des als Kind dargestellten Königs. — Z. 20. Eine Platte, welche einen sitzenden Cynocephalus zeigt in Samml. Lee (Lee, Cat., Nr. 126). — A. 2 publ. Mariette, Rec. de trav. rel. IX, p. 14. — A. 8. Der Pfeiler zeigt den König Amon und Mut Wein opfernd und stammt aus Karnak (Maspero, p. 50). — A. 14 publ. Perrot, Ägypt., S. 641. — S. 457, A. 1. Auch die Kalktafel Nr. 37 in Turin nennt seinen Namen (Maspero, Rec. de trav. IV, p. 139 sq.). — A. 4 nach B. 18—19 l. nach Mariette, Serapeum ed. Maspero I, p. 96 fanden sich dieselben vor der grofsen Sphinx. — A. 5 in Rouen einer (Loret, Rec. de trav. II, p. 156); in Samml. Stroganoff drei (Nr. 68—70). — A. 7 eine Ringplatte aus Thon in Dresden (Jap. Pal., Nr. 66). Ein Goldring im Louvre ist geschmückt mit dem plastisch gearbeiteten Bilde seiner Pferde (publ. Maspero, Arch., p. 314). — S. 458, Z. 3. Eine schön gearbeitete Silberplatte, welche den König Gefangene erschlagend zeigt, fand sich in einem Grabe bei Salerno (Samml. Castellani; vgl. Acad. 15 Maerz 1884, p. 190). — A. 4 aus Saqqarah (Maspero, p. 277). — A. 9. Perrot, Ägypt., S 765. — A. 17. Eine Schreibpalette Ramses II. ist im Louvre (Revillout, Rev. ég. II,

p. 348). — **S. 459, Z. 9.** Statt Das bis Statue l. Eine in Tanis entdeckte, später von Mer-en-ptah usurpierte Kolossalstatue. — **S. 20.** So bis dar zu streichen. — **Z. 24** statt Bechten l. Cheta. — **Z. 25.** Auch sonst haben sich in Tanis zahlreiche Statuen des Königs gefunden (Petrie, Tanis I, p. 12 sqq. 22 sqq.; cf. Mariette, Rec. de trav. rel. e. c. IX, p. 13 sqq.), wovon eine die gröfste überhaupt bisher gefundene Statue war. Nach ihren Bruchstücken zu urteilen, welche Scheschonk III. bei der Anlage des grofsen Tempelpylons verwendete, mufs sie 98 Fufs, mit dem Piedestal 115 Fufs hoch gewesen sein; dabei war sie jedenfalls monolith gearbeitet (vgl. Acad. 31 Mai 1884, 26 Juli 1884, p. 67; Kunstchronik von Lützow. 26 Maerz 1885, p. 413 sq.; Miss Edwards, Harpers New Monthly Mag. Okt. 1886, p. 727 sq.). — **A. 1.** Ebers, Ägypt. I, S. 115; die Statue Kayser, Ägypt. Taf. zu S. 58; Perrot, Ägypt., S. 645; Erman, Taf. zu S. 78; Meyer, Taf. zu S. 296. — **A. 3.** Hier befindet sich auch (Nr. 305) eine Bronzestatue des Königs in Gestalt des Osiris, die älteste sicher datierte Bronzefigur in Hohlgufs (Perrot, Ägypt., S. 861). — **A. 8.** Die eine ungenügend publ. Perrot, Ägypt., S. 642. — **A. 9** zu streichen. — **A. 10.** Petrie, Tanis, p. 24; Mariette, Rec. de trav. e. c. IX, p. 10. 13. — **S. 460, A. 2.** Neuerdings sucht man diese Statue wieder aufzurichten (Le Muséon VI, p. 243). — **A. 9.** Auch im Innern des Tempels fanden sich zahlreiche Statuen des Königs (Maspero, Rapport im Bull. de l'Inst. ég. 1886, p. 3).

S. 461, A. 2. Vgl. Felix, Not. on Hierogl., p. 15. — **S. 462, Z. 4.** Seinen Priester Rā-mes nennt eine Stele aus der Zeit der Mer-en-ptah zu London (Nr. 933; Lieblein, Nr. 933). — **A. 1** publ. Piehl, Rec. de trav. I, p. 136; Maspero, l. c. III, p. 103. — **A. 4.** Lieblein, Nr. 1217. — **A. 7.** Der Sarkophag gehörte einem Åḥmes, welcher selbst Priester des Königs war, an. Vgl. Lieblein, Nr. 1311. — **S. 463, Z. 18.** Die Stele des königlichen Schreibers Ånai in Bulaq nennt die Königin Nefer-åri (Nr. 74; Lieblein, Nr. 711). — **Z. 22** nach Sohn l. den Prinzen Ramses und Mer-en-ptaḥ. — **Z. 24** und bis Mer-en-ptaḥ zu streichen. — **A. 7.** Ebers, Ägypt. II, S. 312; Cicerone II, S. 259. — **A. 8** einer aus Tanis bei Petrie, Tanis 12. 24. — **S. 464, Z. 5.** Ein Grab der Kinder Ramses II., welches im Thale der Königinnengräber lag, erwähnt der Pap. Abbott (Maspero, Pap. Abbott, p. 30). — **Z. 11.** Auch bis liegt zu streichen. — **Z. 15** einzuschieben Mentu-ḥer-chepesch-f, dessen schwarze Granitstatue sich in Bubastis fand (Miss Edwards, Times 1 Juli 1887, p. 3). — **A. 1.** Vgl. Loret, Rec. de trav. IV, p. 105. — **A. 4** zu streichen. — **A. 8.** In Bet el Walli erscheint dieser „erste Sohn“ des Herrschers (L. D. III, 176 e a). — **A. 11.** L. D. III, 176 b. — **A. 13.** Pierret II, p. 84. — **S. 465, A. 11.** Diese Kammer ward von

Mariette noch unberührt vorgefunden (Mariette, Serapeum ed. Maspero I, p. 61 sqq.). — **A. 12.** Vgl. Brugsch, Ägypt. Zeitschr. 1884, S. 133; Lieblein, Nr. 898—899. — **S. 466, Z. 3.** Nach Mariette, Serapeum ed. Maspero I, p. 58 sq. war es die Mumie eines Menschen. Das wahre Grab des Prinzen, der im Jahre 55 starb fand Maspero (Hist. anc., p. 255; Miss Edwards, Acad. 18 Okt. 1884, p. 260) bei Kafr el Batran bei Gizeh. — **Z. 18.** Ein Sohn dieses Chā-em-ust war vielleicht der Prinz Ramses, dessen zerbrochene Statue man bei Memphis fand (Brugsch, Rec. I, pl. 5, Nr. 2). — **A. 1** statt Neunundzwanzig bis 80 l. Einunddreifsig im Louvre (S. h. 16. 73—80). Ein weiterer in Samml. Devoix. — **A. 6.** Jetzt in Miramar, Nr. 21 (Reinisch, Ägypt. Denkm., pl. 30, S. 233 ff.); sie ward dem Prinzen von seinem Sohne Ramses geweiht. — **A. 9** übers. Maspero, Ann. de l'Ass. pour l'enc. des ét. grecq. 1878; Cont. pop., p. 45 sqq. Den Namen des Schreibers des Textes Ṭi-ar--p-to (Tet-Hor-pa-ta) will Krall, Et. ded. à Leemans, p. 63 sq. in der Subscription des Papyrus entdeckt haben. — **S. 467, Z. 3** nach diesem l. ebenso auf zwei Statuen zu Tanis (Petrie, Tanis, p. 24; Mariette, Rec. de trav. e. c. IX, p. 13). — **S. 469, Z. 25.** Für die Gräber vgl. Wiedemann, Proc. Juni 1886; Monumente aus dem des Ken bei Maspero, Rec. de trav. II, p. 193 sq.; Piehl, l. c. I, p. 136 sq. Aus dem des Nefer-ḥetep Maspero, l. c. II, p. 183; vgl. Lieblein, Nr. 929; Lepsius, Chron., S. 39. Dem des Ramses Maspero, l. c. II, p. 185 sq. Dem des Kasa Maspero, l. c. II, p. 197 sq. — **A. 5.** Die erste Stele bei Pierret II, p. 77; die zweite Lieblein, Nr. 1044. — **A. 6.** Lieblein, Nr. 901. — **A. 11.** Monumente aus dem Grabe bei Maspero, l. c. II, p. 176 sqq. — **S. 470, Z. 1** statt Un-nef l. Neb-un-nef. — **Z. 12** der Priester des Ptah Ptaḥ-māī (in Berlin; Lieblein, Nr. 928). — **A. 2.** In dem Grabe wird der Athyr des ersten Jahres Ramses II. erwähnt. — **A. 6.** Eine Thür mit dem Namen des Mannes ist in Turin (Nr. 129), eine Stele in London (Nr. 108; Lieblein, Nr. 886); ein Pyramidion in Liverpool (Lieblein, Nr. 1068. Vgl. Maspero, Rec. de trav. II, p. 181). — **A. 11.** Zu A. 67. Pierret I, p. 3 sqq. Die Stele aus Bulaq ungenau publ. Perrot, Ägypt., S. 144. Die Stele des Louvre C. 97 (Lieblein, Nr. 895; vgl. Nr. 896). Die Statue seines Sohnes Jiu ist gleichfalls im Louvre (A. 67; vgl. Pierret II, p. 53). — **A. 12.** Eine zweite Stele vielleicht im Louvre, vgl. Pierret II, p. 11.

S. 471, Z. 5 statt Chā-tef l. Schiffskapitän Se-ḥetep-àten-chā-t-f. — **Z. 7** nach Chem-mes l. mit Beinamen Ka-nu-ro. — **Z. 10** des Vorstehers des Schatzhauses Pa-neḥsi (in London Nr. 51 b; Lieblein, Nr. 885); des Ḥu-ṭoṭ-ui (in London, Nr. 166; Lieblein, 888); des Richters Ḥuī-nefer (in London, Nr. 328; Lieblein, Nr. 891); des Necropolenbeamten

Ḥui (in Turin, Nr. 86; Maspero, Rec. de trav. II, p. 188). — **A. 3.** Eine zweite grofse Stele des Mannes ist in Bologna. — **A. 5** publ. Maspero, Rec. de trav. II, p. 172. — **A. 6.** Die erste Stele jetzt im Louvre, Nr. 7717; vgl. Revillout, Poème satyrique, p. 52 sq.; die zweite bei Lieblein, Nr. 904. — **A. 7.** Pierret II, p. 1; Lieblein, Nr. 892. — **A. 8.** Pierret II, p 41; Lieblein, Nr. 897. — **A. 10.** Lieblein, Nr. 983. — **A. 11.** Sharpe, Egypt. Inscr., pl. 97: Pierret II, p. 134 sqq.; Budge, Transact. Soc. Bibl. Arch. VIII, p. 336 sqq. — **A. 12.** Lieblein, Nr. 884. — **S. 474, A. 1.** Jetzt in Bulaq (Maspero, p. 50). — **A. 6.** An de Rougé schliefst sich mit einigen Abweichungen an Ebers, Bull. dell. Inst. di corrisp. arch. 1883, p. 121 sqq.; Cicerone II, S. 265; Maspero, Hist. anc., p. 253; Meyer, Gesch. d. Alt. I, S. 313. 318. — **S. 477, Z. 15.** Das Louvrefragment (Entrée, Nr. 3629; publ. Pierret I, p. 66). — **A. 7.** Lieblein, Nr. 935. — **S. 478, Z. 3** ebenso an einer Statue Ramses aus Tanis in Berlin (Nr. 371; vgl. Brugsch, Erkl. Verz., S. 13 f.). — **Z. 4.** In Tell Maschutah scheint er haben bauen zu lassen (Naville, Pithom, p. 11). — **Z. 9** statt Memphis l. Heliopolis (vgl. Diodor I, 59). — **Z. 13.** Noch als Prinz hatte er dem Apis im Serapeum von Memphis eine Naos-Stele geweiht (Stele Serapeum, Louvre, Nr. 15); aus derselben Zeit stammt ein von dem Prinzen dem Ptah geweihter schlecht erhaltener Altar in Florenz. Bei Meschayek (bei Girgeh) fanden sich zwei hockende Statuen eines Oberpriesters in This aus seiner Zeit (Maspero, Acad. 15 Aug. 1885, p. 110; Bull. de l'Inst. Eg., II. Ser., Nr. 6, p. 91). — **A. 1.** Für die verschiedenen Usurpationen des Königs in Tanis vgl. Petrie, Tanis I, p. 5 sqq.; Mariette, Rec. de trav. rel. e. c. IX, p. 7 sqq. — **A. 4.** Eine Statue des Königs ward hier entdeckt (Miss Edwards, Illustr. London News 1887, p. 355). In der Necropole fand sich einer seiner Skarabäen (Griffith, Acad. 23 April 1887, p. 296). — **S. 479, Z. 23.** In Alexandrien fanden sich drei von ihm usurpierte Säulen (in Wien; publ. v. Bergmann, Rec. de trav. VII, p. 177 sq.), Ein eigenartiges Denkmal entdeckte man zu Tell Nebescheh (Tanis). Es war eine 13 Fufs 3 Zoll hohe Lotossäule, verziert mit Opferdarstellungen, welche zuoberst eine vom Horussperber beschützte, knieende Statue des Königs trug. Dieselbe stand vor dem Tempel, den der König hier hatte ausschmücken lassen (Petrie, Acad. 10 April 1886, p. 262). — **A. 6.** Eine Statue dieses Roï ist in London (Nr. 81; Lieblein, Nr. 930). — **A. 12** publ. Perrot, Ägypt, S. 646; Rayet, Mon. de l'art ant. 1; Ebers, Ägypt. II, S. 59. Maspero, Guide, p. 425 hält die Statue für eine des Königs Ḥor-em-ḥeb. — **A. 13** ein Porträt bei Ebers, Ägypt. I, S. 119. — **A. 14.** Ebenda fanden sich Bruchstücke ihres Pendants. Vgl. Mariette, Serapeum ed. Maspero I,

p. 29. — **S. 480, Z. 20.** Ein Grab aus seiner Zeit findet sich bei Meschayek bei Girgeh (Sayce, Proc. 2 Juni 1885, p. 172). — **A. 8.** Einen zweiten Palastbeamten stellt eine sehr beschädigte Granitstatue zu Wien, welche auch Ramses II. nennt, dar (Nr. 29; v. Bergmann, Übersicht, S. 28). — **A. 9** er hiefs Ḥor-à.

S. 481, Z. 20. In Alexandrien fanden sich drei Säulen, welche er nach Vorgang anderer Könige usurpierte (in Wien; publ. v. Bergmann, Rec. de trav. VII, p. 177 sq.). In Tanis fand sich ein Block mit seinem Namen, andere verbaute Sa-Amen am Sanctuarium; auch usurpierte er hier mehrere Statuen und eine Sphinx aus der 12. Dynastie, auf welcher auch Setnecht später seinen Namen eingrub (Petrie, Acad. 21 Juni 1884, p. 446; 15 Maerz 1884, p. 193; 27 Febr. 1886, p. 154; Tanis, p. 16; cf. Mariette, Rec. de trav. rel. c. c. IX, p. 15). — **A. 3.** Vgl. Erman, Ägypt., S. 103. — **S. 482, A. 10.** Hier erscheint der Oberpriester und Nomarch Pa-rā-em-ḥeb vor seinen Kartouchen (Golenischeff, Hammamât II, 1). — **A. 11.** Die aus dem Louvre ungenügend publ. Perrot, Ägypt., S. 647; die aus London bei Meyer, Taf. zu S. 308. — **A. 12.** Der erste aus Bulaq stammt von Kom abu Chanzir (Maspero, p. 93). — **S. 483, Z. 13.** Das von Champ. Not. I, p. 450—451 hervorgehobene, von Eisenlohr, Ägypt. Zeitschr. 1885, S. 55 bestrittene Vorkommen des Namen Seti II. im Grabe der Ta-usert suchte Lefébure, Ägypt. Zeitschr. 1885, S. 121 ff. (vgl. dagegen Eisenlohr, l. c. 1886, p. 40) zu erweisen. — **A. 9** übers. Chabas, Choix de textes, p. 7 sqq.; Maspero, Cont. pop., p. 3 sqq.; vgl. p. VI sqq., wo die Litteratur aufgeführt ist. — **S. 485, Z. 26.** Das Vatikanfragment publ. Marucchi, Bull. della comm. arch. com. di Roma II Ser. XII, p. 107 sqq.; die Ansicht desselben, Siptah sei der Pharao des Exodus ist nicht haltbar. — **S. 490, Z. 28.** In Tanis usurpierte er eine bereits von Seti II. usurpierte Sphinx der 12. Dynastie (Petrie, Acad. 27 Febr. 1886, p. 154). Eine Kapelle des Königs erwähnt zur Zeit Ramses IV. der Pap. Mallet (pl. III, 2; publ. Maspero, Rec. de trav. I, p. 47 sqq.).

S. 491, A. 8. Die Ansicht von Cook, The holy Bible I, 1, p. 466, sie wären Nubier gewesen, widerspricht den ägyptischen Texten. — **S. 493, A. 3.** Die Behauptung von E. Meyer, Gesch. des Alt. I, S. 270. 349; Gesch. Ägypt., S. 276 f.; Josephus I, 26 bezöge sich auf die Reformation Chuen-àtens und sei ganz willkürlich auf den Exodus bezogen worden, ist unwahrscheinlich. — **S. 496, Z. 31** hinter erkennen einzuschieben: während sich solche z. B. in Denderah gefunden haben (vgl. Maspero, Cont. pop., p. XXXIX; Ann. des ét. grecq. XI, p. 135 sq.). Auch sonst ergiebt sich nirgends ein Anhalt für die Annahme, dafs die Sage in Ägypten selbst auf ätiologischem Wege entstanden sei. Sie ward wohl von den Griechen mit nach Ägypten gebracht und dann an ein beliebiges Bauwerk, sei es in Theben oder was noch wahrscheinlicher ist, in Memphis geknüpft. — **A. 5.** Vgl. Prato, La leggenda del tesoro di Rampsinite. Como. 1882; Cowell, Journ. of philol. I, p. 67—70. Maspero, Cont. pop., l. c. hat die Sage als ägyptisch zu erweisen gesucht. — **S. 497, Z. 9.** Die viel wiederholte Angabe, dafs sich die Darstellungen des satyrisch-erotischen Papyrus in Turin auf Ramses III. bezögen, ist ganz willkürlich und unwahrscheinlich. — **S. 498, A. 2.** de Rougé, Inscr., p. 139—147 (bis l. 50). — **A. 4.** Brugsch, Ägypt. Zeitschr. 1887, S. 98 ff. — **S. 499, A. 3** pl. 18—19 übers. Lieblein, Rec. de trav. I, p. 96 sqq. — **S. 500, A. 3.** Vgl. Lieblein, Handel, S. 49 f. — **A. 4.** Vgl. für die Anlage Maspero, Arch., p. 32 sqq.; Perrot, Ägypt., S. 428 ff. Verfehlt ist die Ansicht von Erman, Ägypt., S. 259 und Meyer, Gesch. Ägypt., S. 320 sie sei ein Palast. Der Tempel war von einer mit Zinnen gekrönten Mauer umgeben.

S. 503, A. 1. Eine Schilderung des Baus enthält der grofse Pap. Harris (pl. 3, l. 11—5, l. 3; übers. Loret, La tombe d'un anc. Egypt., p. 25 sq. aus Ann. du Mus. Guimet X). Mehrfach erwähnt der Pap. Abbott (cf. Maspero, Pap. Abbott, p. 53 sqq.) Beamte des Tempels. — **S. 504, A. 3.** Der Pap. Lee publ. Lee, Cat. of Eg. ant. at Hartwell-house, pl. 2. Hierher gehört nach Maspero, Hist. anc., p. 271 auch Herodot II, 107. — **A. 4.** Eisenlohr (Ägypt. Zeitschr. 1885, S. 54) hat vergeblich gesucht, seine Fundstätte wieder aufzufinden. — **S. 505, Z. 19.** In Tanis fand sich eine kopflose Statue des Königs (Petrie, Acad. 14 Juni 1884, p. 429; Tanis, p. 15; Miss Edwards, Harpers Monthly Mag. Okt. 1886, p. 732); auch setzte er hier auf die Perücke einer Sphinx seinen Namen (Petrie, Acad. 10 Apr. 1886, p. 262). — **A. 1.** Der Versuch von Piehl, Dialects Egypt. retr. au Pap. Harris, Nr. 1, 1882 in dem Papyrus Reste von Dialekten zu finden, ist mifslungen. Es handelt sich, wie auch Erman (Deutsche Litteraturz. 26. Apr. 1884, S. 611) annimmt, nur um orthographische Varianten. — **A. 7.** Jetzt ist der Tempel völlig zerstört (Naville, Acad. 23 Apr. 1887, p. 295 sq.). — **S. 506, Z. 3.** Bei Kantar bei Fakus fand sich eine Stele, die ihn vor Amon-Ra zeigt (Naville, Goshen, pl. 9 f.) — **Z. 11.** Bei Ekhmin war der König thätig (Brugsch, Gesch. Ägypt., S. 606). — Bei dem Dorfe Helleh fand sich das Grab des Stallmeisters des Königs, in welchem u. a. die beiden Streitrosse des Herrschers abgebildet waren (Maspero, Acad. 15 Aug. 1885. p. 110; Bull. de l'Inst. Eg., II. Ser., Nr. 6, p. 90). — **A. 1.** Stroganoff (Nr. 332—333). — **A. 2** zum Louvre vgl. Rev. ég. III, p. 47. Für den Ort Maspero, Arch., p. 257 sqq.; Guide, p. 109. 241; Lewis, Proc. IV, p. 89 sq.; Ebers, Durch Gosen zum Sinai, S. 511

und besonders E. Brugsch, Rec. de trav. VIII, p. 1 sqq. Für das Material, aus dem die Figuren hergestellt sind Hofmann, Ägypt. Zeitschr. 1885, S. 62—68. — **S. 507, A. 11.** Ebers, Cicerone II, S. 290. — **S. 508, Z. 25.** Eine Granitstatue des Herrschers fand sich in Tell el Yehudah (Lewis Proc. Soc. Bibl. Arch. IV, p. 89). — **A. 3.** Mariette, Serapeum ed. Maspero I, p. 146; der König liefs damals den Apis bestatten. — **A. 4.** Das Verso des Turiner Königspapyrus trägt Rechnungen aus seiner Zeit (Wilkinson, Hierat. pap. of Turin 1851). — **A. 6.** Mariette, Abydos II, pl. 52a; Cat.: p. 439. Der Besitzer war ein Priester des Königs Set-necht. — **A. 12.** Im Louvre erwähnt Champ. Not. du Mus. Charles X nr. D. 48—51 einen aus rotem Granit, einen aus gemaltem Holz (publ. Pierret II, p. 82) und zwei aus Bronze. — **S. 509, Z. 3.** Ein grün glasierter Ziegel, der in schwarzer Tinte seinen Namen trägt, ist in Bulaq (Maspero, p. 113: Arch., p. 8, 256); eine prachtvolle Isisbüste fand sich in Zagazig (in Bulaq; Maspero, p. 119). — **A. 2.** Stroganoff zwei (Nr. 72. 74). — **A. 9** jetzt in Samml. Dutuit. — **A. 14.** Inschrift über die Vernichtung des Menschengeschlechts publ. und übers. Naville, Transact. Soc. Bibl. Arch. VIII, p. 412; vgl. Proc. Maerz 1885, p. 93 sqq. — **S. 510, Z. 6.** Die Leiche des Königs fand sich in dem aus dem Schacht von Dêr el bahari stammenden Sarge der Āḥmes-nefer-áteri; sie war der Ramses XII. ähnlich, aber weniger hoch, die Schultern weniger breit, die Gestalt weniger kräftig, dagegen die Züge feiner und intelligenter (in Bulaq; Maspero, p. 338; Rapport im Bull. de l'Inst. Eg. 1886, p. 62 sqq.). — **A. 1.** Für seine Texte vgl. v. Bergmann, Rec. de trav. VI, p. 133 sqq. — **A. 11.** Sein Sohn Ṭhut-mes war Schreiber im Tempel Ramses III. zu Theben. — **A. 14.** Nach dem Pap. Abbott war dasselbe zur Zeit der 20. Dynastie beraubt, aber nicht zerstört worden.

S. 511, Z. 6. Statt Das bis Z. 9 dar zu lesen: Das Grab eines Prinzen Ramses-Ment-ḥer-chepesch-f ist dadurch merkwürdig, dafs es inmitten der Königsgräber sich befindet. Man hat diesen Prinzen meist für den sechsten Sohn Ramses III. Mentu-chepesch-f gehalten, dies ist jedoch unrichtig, da der Grabinhaber ältester Sohn und Erbprinz war und sein Grab eher den Stil Ramses IX. zeigt (Lefébure, Ägypt. Zeitschr. 1885, S. 125 ff.; vgl. Eisenlohr, l. c. 1886, S. 41). — **Z. 15.** Nach der Stele l. 9 wären ihm auch die Asiaten unterworfen gewesen. — **Z. 23.** Aus seinem dritten Jahre stammt der Pap. Mallet, welcher drei Aktenstücke aus der Verwaltung des Schreibers Bak-en-Chunsu enthält (publ. und übers. Maspero, Rec. de trav. I, p. 47 sqq.). — **A. 3.** Das Grab ward in neuster Zeit zerstört und Bruchstücke aus demselben verkauft (Eisenlohr, Ägypt. Zeitschr. 1885, S. 55). —

S. 512, A. 3. Reinisch, Chr. I, pl. 14. — A. 10 republ. und übers. Piehl, Ägypt. Zeitschr. 1884, S. 37 ff.; 1885, S. 13 ff. — S. 513, A. 7. Die sehr fragmentierte, wohl aus der 21. Dynastie stammende Inschrift, scheint von Rekonstruktionen in dem Bau zu sprechen. — S. 514, Z. 6. Weiter datiert aus seiner Zeit eine kleine Statuette des Horus auf einem Piedestal von Kornalin (Samml. Stroganoff, Nr. 73); das Grab eines Necopolendieners zu Qurnet Murrai, Se-net'em, welches noch unberaubt aufgefunden ward (Maspero, Rapport im Bull. de l'Inst. Eg. 1886, p. 8 sqq.; Mém. de l'Inst. Eg. II, p. 1 sqq.) und die Stele des königlichen Schreibers Ḥorâ in London (Nr. 588; Lieblein, Nr. 988). — A. 1. Die Holzthür in Turin hat vielmehr der Arbeitsvorsteher Nefer-ḥetep zu seiner Zeit usurpiert (Maspero, Rec. de trav. II, p. 181). — A. 6. Für die im Grab angewendeten Maſse vgl. Lepsius, Ägypt. Zeitschr. 1884, S. 1 ff. — A. 10. Mariette, Serapeum ed. Maspero, p. 146. — S. 515, Z. 12. Die Totenstele eines Richters Ua-em-us trägt seinen Vornamen (Gatty, Cat. of the Mayor coll., p. 29; Maspero, Rec. de trav. II, p. 171). — S. 516, A. 14. Zu den astronomischen Texten vgl. Le Page Renouf, Transact. Soc. Bibl. Arch. III, p. 400 sqq. Für mystische Texte v. Bergmann, Rec. de trav. VI, p. 141 sqq. Für lateinische Grafiti C. J. Lat., Nr. 67—68; vgl. auch Eisenlohr, Ägypt. Zeitschr. 1885, S. 55. — S. 518, Z. 12. Von Rechnungslisten aus seiner Zeit datiert eine aus dem zweiten Jahre, die andere reicht vom 16. Mechir des ersten bis zum 11. Mechir des siebzehnten Jahres (in London; Birch, Select. Pap. II, 1, p. 7. Ähnliche Texte aus der Samml. Harris erwähnt Chabas, Pap. magique Harris, p. 2). — A. 6. Hierher gehört auch Pap. Amhurst (vgl. Chabas, Mél. III, 2, p. 1 sqq.; Erman, Ägypt. Zeitschr. 1879, S. 152). — A. 7. Erman, Ägypt., S. 189 ff.; Revillout, Rev. ég. III, p. 9 sqq. — S. 519, A. 2. Derselbe Oberpriester Amen-ḥetep wird vom Pap. Abbott als Mitglied der Untersuchungskommission erwähnt; neben ihm erscheint hier ein Schreiber Nes-su-Amen vom Grabtempel Ramses IX. — A. 6. In seinem Grabe (L. D. III, 234 a) trägt der König einen Vollbart. — A. 10. Pierret II, p. 80. — A. 11. Mariette, Serapeum ed. Maspero I, p. 147. — S. 520, A. 2. Zum Grab vgl. Rosellini, Mon. stor. II, p. 44. Besucherinschriften C. J. Lat. III, Nr. 69—72, Z. 6 l. hinter Renouf, Transact. Soc. Bibl. Arch. III, p. 400 sqq. — A. 3. Aus derselben Zeit stammt der Hymnus an die Sonne in dem Berliner Papyrus, Nr. VI (L. D. VI, 117; übers. Chabas, Choix de textes, p. 29 sq., Pierret, Ét., p. 1 sqq.).

S. 521, Z. 21 während bis 522 lies zu streichen. — A. 11 zu streichen. — S. 522, Z. 2. Teile des Tempels zu Tanis, welche Ra-user-Maā-setep-en-Ra nennen, aber einen jüngern Stil als die Monumente

Ramses II. zeigen, stammen wohl von Ramses XII. her (Petrie, Acad. 14 Juni 1884, p. 429). — **A. 1.** Der Text auch Reinisch, Chr. I, pl. 12. Dafs die Legende an die Vermählung Ramses II. mit einer chetitischen Prinzessin anknüpfe, wie Meyer, Gesch. Ägypt., S. 241 annimmt, ist wenig wahrscheinlich. — **S. 523, Z. 31.** Ein Uschebti des Königs Ra-user-Maā-setep-en-Ra, der wohl aus Dêr el baḥari stammt in Samml. Edwards (Miss Edwards, Et. déd. à Leemans, p. 57). — **S. 524, Z. 5.** Die Mumie zeigt wenig intelligente, aber stolze und eigensinnige Züge; der Schädel ist schmal, die Stirn niedrig und abgeschrägt, die Augenhöhlen stark gerundet, die Nase auffallend lang, das Kinn rechtwinklig, breit und knochig, die Ohren umfangreich, der Hals lang, die Hände lang und starkknochig. Die Leiche war die eines Greises (Maspero, Rapport im Bull. de l'Inst. ég. 1886, p. 58sqq.; Kopf der Mumie bei Meyer, Gesch. Ägypt., S. 294). — **Z. 22.** Maspero, Arch., p. 273 hält es für ein Porträt des Ḥerḥor. — **A. 1.** Vgl. Lieblein, Rec. de trav. I, p. 141sqq. — **S. 525, Z. 5.** In seiner Zeit ward das Grab des Horâ-mes in Hieraconpolis von unbekannter Hand usurpiert (Bouriant, Et. déd. à Leemans, p. 40). — **Z. 13** statt ein Diskus l. reicher Goldschmuck. — **Z. 16** statt hat bis erhalten l. trägt seinen Namen. — **A. 2.** Abydos II, pl. 62. — **A. 8.** Vgl. Maspero, Guide, p. 84; Arch., p. 314. — **A. 12** publ. J. de Rougé, Mém. de la Soc. des ant. de France XLIII, pl. 3, p. 77sqq. — **S. 527, A. 1.** Vgl. für den Fund Lefébure in Ann. du Mus. Guimet VI, p. 1—17. Maspero, Bull. de l'Inst. ég. 1881, p. 129sqq. Für die Blumen Schweinfurth, Berichte der Deutsch. Bot. Gesellsch. I, S. 544—546; II, S. 351—371. Für die Auswickelung der Leichen Maspero, Rapport im Bull. de l'Inst. Eg. 1886 und z. T. wörtlich übereinstimmend Compt. rend. de l'Acad. des Inscr. IV Ser. XIV, p. 581—594. — **S. 528, A. 1.** An Lepsius hat sich J. de Rougé, Mém. de la Soc. des ant. de France XLIII, p. 79sqq. angeschlossen. Statt Suides l. Suidas. — **A. 2.** Unhaltbar ist die Anordnung von Meyer, Gesch. d. Alt. I, S. 380ff.; Gesch. Äg., S. 325ff. — **S. 529, Z. 34.** Für die Truppen des Chunsu-Tempels vgl. Wiedemann, Ägypt. Zeitschr. 1885, S. 82. — **A. 4.** Etwa um dieselbe Zeit berichtet König Tiglatpilesar I. von Assyrien, der König von Ägypten habe ihn seltene Meerfische als Geschenk gesandt. — **S. 530, Z. 7.** Letzterer Text publ. Wiedemann, Ägypt. Zeitschr. 1885, S. 84. Eine Totenstele, welche sich Ḥerḥor vor seiner Thronbesteigung fertigen liefs, ist in Leyden (V. 65; publ. Wiedemann a. a. O., S. 82ff.; vgl. Lieblein, Nr. 991). — **Z. 16.** Inschriften aus dem Schachte selbst bei Maspero, Ägypt. Zeitschr. 1882, S. 134. Genaueste Beschreibung der Fundgegenstände Maspero, Guide, p. 313 bis 351.

S. 531. Z. 13 nach Tutmes II. einzuschieben: Im Jahre 9 untersuchte Pinet'em die Leiche Ramses III.; im Jahre 10 diese und die Ramses XII.; im Jahre 13 restaurierte er die erstere. — A. 2 für den Louvre-Text vgl. Pierret II, p. 131 sqq. Die Vignette zu Kap. 90 ungenügend publ. Perrot, Ägypt., S. 149. Eine Canope der Königin ist in London (Birch, Proc. V, p. 79). — S. 532, Z. 18 statt eines bis ausgeschmückten l. des von ihm restaurierten grofsen. — Z. 21 nach König l. er hatte dieselbe, ebenso wie verschiedene Säulen usurpiert. — A. 3. Vgl. Petrie Acad. 15 Maerz 1884, p. 193; Mifs Edwards, Harpers New Monthly Mag. Okt. 1886, p. 732. — A. 4. Petrie, Tanis, p. 8. 17; Mariette, Rec. de trav. rel. e. c. IX, p. 15. — A. 7. In Chatanah bei Fakus fand sich sein Name (Naville, Goshen, p. 21). — S. 533, Z. 14. Eine Stele aus Abydos in Bulaq, welche einen hohen Beamten Pi-anch darstellt, gehört wohl diesem Oberpriester an (Mariette, Abydos II, pl. 57 b; Cat., Nr. 1057, p. 1057, p. 282; Maspero, Ägypt. Zeitschr. 1883, S. 62; Guide, p. 47). — Z. 23. Aufserhalb Thebens liefs er auf der Insel Sehel ein Proskynema eingraben (Mariette, Mon. div., pl. 73. 73). — S. 534, Z. 26. Die Angabe von Erman, Ägypt., S. 221 den Titel „königl. Gemahlin" habe jede Prinzessin bei ihrer Geburt erhalten, wird dadurch widerlegt, dafs bei weitem die meisten Prinzessinnen den Titel nicht besitzen. — Z. 36. Nach zwei Inschriften im Schachte selbst fand seine Translation hierher am 20. Pharmuthi eines 16. Jahres statt (Maspero, Ägypt. Zeitschr. 1882, S. 134). — S. 535, A. 1. Der aus Samml. Letourneux jetzt in Bulaq (Maspero, p. 97); in Samml. Stroganoff zwei (Nr. 76. 98); Edwards drei (publ. Miss Edwards, Et. déd. à Leemans, p. 55 sqq.). — S. 536, A. 2. Andere sind in Oxford-Mansion (Loftie, Athenaeum. 20 Sept. 1884, p. 378; Petrie, Tanis, p. 18) und in Boston (Miss Edwards, Harpers Mag. Okt. 1886, p. 732). — A. 3. Der König umgab den ganzen Tempel von Tanis mit einem 80 Fufs dicken Wall (Petrie, Tanis, p. 19). — A. 4. Petrie, Tanis, p. 11; ebenso auf eine zweite (Mariette, Rec. de trav. rel. IX, p. 11). — S. 537, A 1. Petrie, Tanis, p. 11. — A. 5 publ. Wiedemann, Ägypt. Zeitschr. 1882, S. 88. — A. 8 nach 911; vgl. Wiedemann, Ägypt. Zeitschr. 1885, S. 84. Z. 5 nach 141 l. und Lepsius Königsb., Nr. 796. — S. 538, Z. 15. In El Hibeh war eine von dem Könige errichtete Festung. Eine zweite erbaute derselbe bei dem Grabe des Schech Mûseh bei Gebelên südlich von Erment. Auch hier findet sich der Name des Herrschers neben dem der Ḥest-em-Sechet (Sayce, Acad. 20 Maerz 1886, p. 202). Nach einer Notiz auf den Mumienbinden Seti I. liefs der Oberpriester Ra-men-cheper dieselben im 6. Jahre neu herrichten (Maspero, Acad. 31 Juli 1886, p. 78). —

A. 4 zu Prisse vgl. Perrot, Ägypt., S. 460. Einen schenkte Daninos-Bey Bulaq (Maspero, p. 302); einer ist in Samml. Lee (Lee, Cat., Nr. 551); einer schlecht publ. Vyse, Pyr. I, p. 125. — A. 6. Vgl. Maspero, Arch., p. 283 sq.; Guide, p. 327. — S. 539, Z. 17. Sein Sarg aus Dêr el baḥari in Bulaq (Maspero, p. 321; Uschebtis, l. c., p. 329). — A. 6. Nach einer Inschrift im Schachte ward eine Nesi-Chunsu hier am 21. Mesori eines fünften Jahres beigesetzt (Maspero, Ägypt. Zeitschr. 1882, S. 134). Auch die Särge der Tochter einer Nesi-Chunsu, Namens Nesi-neb-ascher waren im Schachte (Maspero, p. 324; Uschebtis, l. c., p. 329). — S. 540, A. 4. Miss Edwards, The sunday school Times. 23 April 1887, p. 259 hält ihn auch für den 1 Kön. 11, 19 erwähnten Schwiegervater des Edomiters Hadad.

S. 541, A. 4. Miss Edwards, l. c. hält vielmehr König Pinet'em I. für diesen König. — A. 7. Das Fragment auch bei Freudenthal, Hell. Studien, S. 225 f.; über Eupolemos vgl. diesen S. 82 ff. 107 ff. 209. Diesem Uaphres entspricht der Suaphre oder Uphre, unter dem nach Cyrill Alex. adv. Iulian I, 10 sqq. Troja zerstört ward. — S. 542, A. 2. Lepsius Arbeit englisch von W. Bell. London 1858. Vgl. ferner Mariette, Serapeum ed. Maspero I, p. 154 sqq. (Bull. de l'Athen. franç. 1855, Nr. 11). — A. 3. Lieblein, Nr. 1008. — S. 545, Z. 10. Die Vermutung von Brugsch, Gesch. Ägypt., S. 678, dem Erman, Ägypt., S. 81 folgt, die 21. Dynastie sei gestürzt und nach Äthiopien vertrieben worden, beruht auf keinerlei überlieferter Angabe. — S. 548, A. 2. Stern, Ägypt. Zeitschr. 1885, S. 93 stellt die unwahrscheinliche Ansicht auf, Asychis bei Herodot und Sasychis bei Diodor I, 94 sei aus Schaschanq entstanden. — S. 549, A. 1. Verkleinertes Bild der Liste bei Stade, Gesch. Israels. Korrekturen zu den Publikationen gab Maspero, Rec. de trav. VII, p. 100 sq. — S. 550, Z. 20. In Tell el Yehudah scheint sich sein Name zu finden (Birch, Ägypt. Zeitschr. 1872, S. 122; Stern a. a. O. 1883, S. 18). — Z. 26. Bruchstücke glasierter Ziegel sind in Bulaq (Maspero, Arch., p. 257). — A. 8. Auch drei Statuen in Padua (cf. Memoria sopra due statue egizie mandate dal Bolzoni. Padua 1819) scheinen hierher zu gehören. — A. 5. Naville, Pithom, p. 12. 13, pl. 3 b. — A. 6 nach Correr 4; publ. Wiedemann, Proc. 2 Febr. 1886, p. 90. — A. 7. Ihr Pendant ist noch in Tanis (Petrie, Tanis, p. 8; Mariette, Rec. de trav. c. c. IX, p. 15).

S. 551, A. 1. Ebers, Ägypt. II, S. 287; Cicerone II, S. 238. — A. 3. Stroganoff einer (Nr. 78). — S. 552, A. 2. Vgl. für diese Sitte Wiedemann, Ägypt. Zeitschr. 1885, S. 79 f. — A. 4. Auf der Stele des Oberpriesters des Amon Un-ta-ḥer in London (Nr. 792; Lieblein,

Nr. 1002) scheint Ra-mes Beamtentitel zu sein. — S. 553, Z. 4. Eine Stele im Louvre berichtet, dafs er einem Hathortempel Grundbesitz schenkte (publ. Cattaui, Rev. égypt. V, p. 84). — A. 3. Miss Gonino, Proc. 6 Mai 1884, p. 205 sq. Eine ähnliche, sehr schön mit Silber ausgelegte Bronzestatuette einer Priesterin Ta-kesch befindet sich in Samml. Demetrio zu Athen (Puchstein, Mitt. des arch. Inst. zu Athen VII, p. 10; publ. Maspero, Gaz. arch. VIII, p. 185 sqq., pl. 33—34). — A. 7. Die in Bulaq stammen aus dem Assassif (Maspero, p. 99). — S. 554, A. 1. Lieblein, Nr. 1009. — A. 2. Vgl. Revillout, Rev. ég. IV, p. 136 sq. — A. 6. Petrie, Acad. 15 Maerz 1884, p. 193; Mariette, Rec. de trav. rel. e. c. IX, p. 15; auch eine Statue Ramses II. usurpierte er hier (Petrie, Tanis, p. 25). — A. 7. Mariette, Serapeum ed. Maspero I, p. 158 sq. — S. 555, Z. 1. In dem grofsen Tempel zu Bubastis errichtete er einen prächtigen Saal, in dessen Darstellungen neben ihm seine Gattin Karemāmā erscheint (Miss Edwards, The Times, 1 Juli 1887, p. 3; Ill. London News 1887, p. 357 sq.). — A. 2. Naville, Pithom, p. 12 sqq., pl. 4. — A. 7 publ. Perrot, Ägypt., S. 770. — A. 9 in Bulaq (Mariette, Mon. div., pl. 32; Maspero, p. 93). — A. 10. Die Louvre-Stele Pierret II, p. 86. — A. 12. Pierret I, p. 39 sqq. — S. 556, A. 4. Pierret II, p. 89. — A. 8. Mariette, Serapeum ed. Maspero I, p. 159. — S. 557, Z. 20. Der Sarg einer Sängerin Mer-s-Amen, der Tochter des Osorkon-Pa-ta-ut'ai und der Scheta-Amen-em-s, welche Urenkelin eines Königs Takelot war, fand sich im Assassif (Maspero, Ägypt. Zeitschr. 1885, S. 11). — A. 2. Vgl. Krall, Zeitschr. f. österr. Gymn. 1882, S. 748; Le Page Renouf, Proc. 2 Juni 1885, p. 163. — A. 3. Lieblein, Nr. 1014. — A. 5. Lieblein, Nr. 1015. — S. 558, Z. 10. In Tanis brachte er an dem grofsen Pylon, in welchem er auch die Kolossalstatue Ramses II. verbauen liefs, Skulpturen an (Petrie, Tanis, p. 14; Miss Edwards, Harpers New Monthly Mag. Okt. 1886, p. 732 sq.; vgl. Acad. 15 Maerz 1884, p. 192; 14 Juni 1884, p. 425). Die Behauptung von Meyer, Gesch. d. Alt. I, S. 387 bereits unter Scheschenk III. sei Oberägypten an die Äthiopen verloren gegangen, widerspricht der Thatsache, dafs sich der Name Scheschenk IV. z. B. auf Sehel findet. — A. 1. Mariette, Serapeum ed. Maspero I, p. 159. — A. 7. Stele 35 bei Mariette, Serapeum ed. Maspero I, p. 169 sqq. Stele 34 Lieblein, Nr. 1012. Stele 36 Lieblein, Nr. 1013. — S. 559, Z. 14. Eine glasierte Thonplatte aus Abydos ist in Bulaq (Mariette, Cat. Abydos, Nr. 1415, p. 548; Maspero, p. 93). — A. 4. Mariette, Serapeum ed. Maspero I, p. 169 sqq. — A. 14. Pierret folgte Perrot, Ägypt., S. 674; Ebers, Ägypt. II, S. 274; Cicerone II, S. 223.

S. 561, Z. 14. Pet-ṭu-Bast trug den Vornamen Ra-se-ḥer-áb. —

Z. 17 und bis Z. 18 Königs zu streichen. — A. 3 zwei fanden sich in Naucratis (Petrie, Naucratis, pl. 37, Nr. 117—118). — A. 4. Zu streichen. Statt dessen einzuschieben: In der Samml. Stroganoff, Nr. 81 befindet sich der Bronzetorso eines Königs mit Vornamen Ra-user-Maā-Amen-mer und Nachnamen Pe-ṭu-Bast, also eines zweiten, wohl derselben Periode angehörenden Petubastis (publ. Wiedemann, Rec. de trav. VIII, p. 63; Maspero, Arch., p. 291 sq. erwähnt die Statue irrtümlich als eine des Petuchanu (Pa-seb-chā-nen). Ferner gehört hierher ein König Ra-user-Maā-setep-en-Amen Thot (Āa)-upet-en-Bast-Amen-mer, dessen Namen sich auf einem Granitaltar zu Tell el Yehudi fand (Naville, Acad. 19 Febr. 1887, p. 137). Endlich erwähnt ein Uschebti im Louvre (S. hist. 84; publ. Pierret) des Arbeiter-Vorstehers Ḥuī einen Tempel Ḥāt-Ra-ḥet'-āri(?)-ṭem-nub in Abydos, in dessen Bezeichnung wohl der Name eines Königs dieser Periode verborgen ist. — S. 564, Z. 2. Möglicherweise bis Z. 6 schreiben zu streichen. — Z. 28. Ein Bruchstück der mit Gold, Silber und Kupfer ausgelegten Bronzestatuette des grofsen Fürsten Scheschenk fand sich in Zagazig (in Bulaq; vgl. Maspero, Ägypt. Zeitschr. 1884, S. 93). — A. 1 übers. Chabas, Choix de textes, p. 40 sqq. Lieblein, Nr. 1016. — S. 565. Z. 3. Diesem Manne gehört vielleicht ein Skarabäus aus Naucratis mit dem Namen Pe-ṭu-Ḥest an (Petrie, Naucratis, pl. 37, Nr. 116).

S. 575, A. 2. Eine weitere Fälschung mit dem gleichen Königsnamen ist eine Schlange, die sich um einen Cylinder windet, in Granit (in Bulaq; als echt bei Maspero, p. 244). — S. 576, A. 3. Z. T. übersetzt Maspero, Ann. des ét. Grecq. XI, p. 127 sqq. Vgl. zu den Angaben der Stele Diodor III, 5. Fast wörtlich finden sich ihre Angaben wieder bei Synesius, De provid. I, 6. Hinter Past VI l. p. 71 sqq.; Chabas, Choix de textes, p. 63 sqq. — A. 4. Z. T. übers. Maspero, l. c., p. 126 sq.; Chabas, Choix de textes, p. 68 sqq. — A. 5. Z. T. übers. Maspero, l. c., p. 130 sq. Nach Past. VI l. p. 85 sqq. Lieblein, Nr. 1041. — S. 577, A. 1. Z. T. übers. Maspero, l. c., p. 130 sq. — A. 3. Schon Champollion-Figeac, Eg., p. 384 hatte den ägyptischen Namen an die richtige Stelle gesetzt. Lepsius im Königsbuch hielt ihn fälschlich für den Psamus der 23. Dynastie, ihm folgte Meyer, Gesch. der Alt. I, S. 428. — S. 578, A. 4. Vgl. Rohde, Griech. Roman, S. 370; Crusius. Jahrb. f. kl. Phil. CXXXV, p. 252. — S. 579, A. 1 Schlufs: Rev. ég. III, p. 127 sq. — S. 580, A. 4. Hierdurch ist Krall, Wiener Sitzungsber. CV, p. 412 wohl veranlafst worden für Bokchoris die ägyptische Urform Bok-en-Ra, was wohl für Bok-en-āten stände, zu erfinden. — A. 5. Dafs die Notiz des Manetho sich nicht auf eine Ära, sondern auf die Ansetzung des Exodus unter Bokchoris durch Lysimachus bezöge, wie Lauth, Ägypt. Chronologie, S. 212 (vgl.

Gelzer, Afrikanus I, S 204 f.) und Meyer, Gesch. d. Alt. I, S. 137 behaupten, ist unbeweisbar. — **A. 6.** Vgl. Aelian, De nat. anim. X, 31. Isis soll sein Haupt mit der Schlange umschlungen und beschattet haben, damit er mit Gerechtigkeit richte. Es ist dies ein Erklärungsversuch für die Darstellung der Pharaonen mit der Uräusschlange am Haupte.

S. 582, A. 1 hinter 65 l. Johannes von Nikiu Cap. 18 (Zotenberg, p. 475). — **S. 583, Z. 10.** Ein Cylinder mit seinem Namen ist im Louvre (Revillout, Rev. ég. III, p. 44); ein goldenes, jetzt verschwundenes Amulett war ebendort (Champ. Not. du Mus. Charles X, p. 59); ein Siegelabdruck fand sich in Niniveh (Meyer, Gesch. Äg., S. 347). — **A. 6** und in Bulaq (aus Memphis; Mariette, Mon. div., pl. 29 d; Maspero, p. 94). — **S. 586, Z. 17** statt 215000 l. 200150. — **S. 587, A. 1.** Stade, Gesch. des Volks Israel, S. 617 ff. — **S. 588, Z. 21.** Auch Grafiti bei Assuan nennen dieselben (Petrie, Academy. 26 Maerz 1887, p. 226). — **A. 3, Z. 1** statt Et. l. Rec.; statt 107 l. 106. Maspero, Guide, p. 98 liefst den Namen Seti. Champ. Not. du Musée Charles X, p. 57 hielt den König für Tutmes III. — **A. 5.** Golenischeff, Hamm., pl. 18, Nr. 5. — **A. 6.** Vgl. Wiedemann, Act. du Congr. intern. de Leide IV, p. 154. — **S. 589, A. 3.** Die Statue bei Ebers, Ägypt. II, S. 60; ungenügend bei Perrot, Ägypt., S. 649. Dieselbe war 1867 in Paris ausgestellt, wo sie zerbrach und nur ungenügend wieder zusammengesetzt ward (Wallon, Compt. rend. de l'Ac. des Inscr. IV Ser. 11, p. 523). — **A. 9** aus Dêr el Medinet (Maspero, p. 94). — **A. 12** vgl. auch Pichl, Rec. de trav. III, p. 67 sq. — **S. 590, Z. 2.** Stern, Ägypt. Zeitschr. 1885, S. 94 stellt die unhaltbare Ansicht auf, es sei dies der manethonische Labyrintherbauer Ameres, den man Herodot und Diodor zuliebe in der 26. Dynastie wiederholt habe. — **Z. 14.** Eine von Schweinfurth im Wadi Gasus entdeckte Inschrift (Schweinfurth und Erman, Alte Baureste im Wadi Gasus in Abh. der Berl. Akad. 1885) beweist, dafs Ameneritis in der That eine Zeit lang Herrscherin Ägyptens war. Hier adorieren Psammetich I., seine Tochter Neit-àker und die als Tochter des Pianchi bezeichnete Königin Schep-en-àpet den Amon-Ra und Chem, während daneben die Daten Jahr 13 (oder 20) der Ameneritis und Jahr 19 der Schep-en-àpt stehn. Erman (ihm folgt Meyer, Gesch. Ägypt., S. 223) vermutet, diese Frauen seien selbständige Herrscherinnen eines geistlichen Fürstentums Theben gewesen, welche die Äthiopen und Saiten geheiratet hätten, um auch in der Thebais Einflufs zu gewinnen. Dies ist unrichtig; den Titel neter ḥemt, bzw. neter ṭuat tragen die Königinnen im neuen Reiche als Oberpriesterinnen, und von einem selbständigen Fürstentume Theben wissen die gerade für diese Periode sehr ausführlichen äthiopischen

Stelen nichts zu berichten. — **A. 1.** Die bisher nicht publizierte obere Hälfte dieser Stele fand Petrie in Tanis (Miss Edwards, Academy. 26 Juli 1884, p. 67; Petrie, Tanis, p. 16).

S. 591, Z. 11 hinter Ramses II. l. und seines eigenen Vaters Sanherib. — **Z. 22.** Nach Brugsch (Ägypt. Zeitschr. 1886, S. 76) entspricht Ḥininschi vielmehr Heracleopolis parva im östlichen Delta. — **A. 1.** Für die Chronologie des Zuges vgl. die babylonische Chronik bei Winckler, Journ. d'assyriol. 1887; übers. Oppert, Compt. rend. de l'Ac. des Inscr. IV Ser. XV, p. 283 sqq. — **S. 595, A. 7.** Das Grab dieses Ment-em-ḥā findet sich im Assassif (Eisenlohr, Ägypt. Zeitschrift 1885, S. 55). — **S. 596, Z. 5.** Auch im Hammamât findet sich sein Name (Golenischeff, Hammamât, pl. IV, 2). — **A. 1.** Eine Publikation des Grabes begann Dümichen, Der Grabpalast des Patuamenap. Leipzig 1884 f. Vgl. Maspero, Rituel du sacrifice funéraire in Rev. de l'hist. des rél. 1887. — **A. 10.** Vgl. Lieblein, Nr. 1046. — Die Büste publ. Ebers, Ägypt. II, S. 60. — **A. 13.** Zu Zürich vgl. Wiedemann, Proc. 2 Juni 1885, p. 203); einer in Samml. Reichardt in Tunis (Sayce, Academy. 16 April. 1887, p. 279). — **A. 17.** Zum Louvre vgl. Prisse, Mon., pl. 33; zum Ganzen Wiedemann, Act. du Congr. intern. de Leide IV, p. 147. — **S. 597, A. 1.** Lieblein, Nr. 1136. — **A. 5.** Die Inschrift ward 1846 in Athribis entdeckt (Wachsmuth, Rhein. Mus. N. F. XXX, S. 640, den griechischen Text behandelte eingehend Wachsmuth a. a. O. N. F. XXVIII, S. 581 ff.). — **A. 6** übers. Chabas, Choix de textes, p. 58 sqq. — **S. 598, Z. 14.** Ein Totenbuch zu Leiden (T. 4; vgl Naville, Totenbuch, Einl., S. 94 f.) gehört einem Beamten des Ptah Pakerer an, der zweimal als König beider Länder bezeichnet wird. — **S. 599, Z. 28** statt äthiopische l. zur Familie des Kaschta gehörige. — **Z. 29** statt eben besprochenen l. hierher gehörigen. — **A. 1.** Die Stele publ. Wiedemann, Proc. 3 Nov. 1885, p. 31—35. — **S. 600, Z. 32.** Möglicherweise gehört ein Menatfragment der Samml. Stroganoff, Nr. 84 (publ. Wiedemann, Rec. de trav. VIII, p. 64), welches einen König Ne-ba-ka-u nennt, diesem Nechao an.

S. 601, A. 2. Rezepte, welche von dem Manne herrühren sollen, finden sich Aëtius, Tetrabibl. I serm. 1 voce ἄνθεμις; serm. 2, cap. 19 und 47; cf. Conrigius, De hermetic. med., p. 110—113; Borrichius, Hermes vindic., p. 171. Die Stellen über ihn sammelte Marsham, Canon chronicus. Leipzig 1676, p. 477—481. — **A. 3.** Für die Identifikation ist Unger, Manetho, S. 273, dagegen Wuttke, Entstehung der Schrift, S. 766. — Zwei Sphären, auf Grund deren man das Leben, bzw. den Tod eines Kranken vorhersagen konnte, welche Petosiris dem Könige Necepso geweiht haben sollte, enthält der alchemistische Papyrus, Nr. 2419 der Bibl. nat. zu Paris (vgl. Berthelot, Journ. des savants. 1886, p. 214 sq.). — A. 5. Für einen ihm zugeschriebenen Brief vgl. Lambecius VII. Lableus in nova Bibliotheca Libr. Manuscr. — S. 606, A. 1. In assyrischen Texten würde der König auch seinen assyrischen Namen Nabusizipani (Smith, Assurbanipal, p. 45 sq.) tragen.

S. 611, Z. 29. In Tell Defenneh (Daphnae) entdeckte Petrie in den Fundamenten eines Tempels zahlreiche auf seinen Namen lautende Deposita, auch fand man hier Topfsiegel mit seiner Kartouche (Academy. 4. Sept. 1886, p. 158 sq.; 25 Dez. 1886, p. 434; 4th ann. rep. of Eg. expl fund, p. 18). — A. 1. Eine Schilderung der Ruinen, die er für die von Naucratis hielt, gab Buckingham, Original Pap. of the Syro-Egyptian Soc. I, pt. I, p. 61 sqq. — S. 612, A. 4. Auf die herodoteische Anekdote spielt auch Clemens Alex. Coh. ad gentes, p. 6 an. — S. 614, A. 1. Sprengel, Gesch. der Arzneikunde I, S. 75 schlofs hieraus, erst unter Psammetich sei der Gebrauch des griechischen Weines in Ägypten, den später nur die höhern Stände getrunken hätten, eingeführt worden. Diese Hypothese ist sicher unrichtig. — S. 617, A. 6, Z. 1. 168 ist zu streichen. — S. 618, A. 1 hinter 86 f. einzuschieben: ähnlich Maspero, Hist. anc., p. 536. — S. 619, A. 1. Lieblein, Nr. 1137. — A. 2 hinter II, p. 29 sq. einzuschieben: III, p. 191; vgl. Transact. Soc. Bibl. Arch. VIII, p. 20 sq.; Proc. 3 Mai 1887, p. 171. — A. 6. Vgl. Lieblein, Nr. 1138—1140. — S. 620, Z. 18. Ein Siegelabdruck in Wachs aus Zagazig nennt den Namen Psammetich (in Bulaq; Maspero, p. 99). — A. 10. Young, Hierogl., pl. 7—8. — A. 11. Zahlreiche fanden sich in Naucratis (Petrie, Naucratis I, p. 5; pl. 38, Nr. 184—185. 187). Die sich hier findenden Skarabäeninschriften Ḥor-āa-Ra, bzw. Ḥor-āa-āb (Petrie, l. c., pl. 37, Nr. 52—54. 106) sind wohl aus seinem Thronnamen Ḥor-āa-āb entstanden.

S. 621, Z. 17. Ein Thürbeschlag aus Bronze, der sie nennt, in Bulaq stammt aus Karnak (Maspero, p. 246). — Z. 22 nach derselben einzuschieben: neben dem Anfangsbuchstaben des Namens des Königs Pianchi (Wiedemann, Proc. Maerz 1885, pl. 111). — A. 8. Eine bis 82 zu streichen. Nach Wien l. publ. v. Bergmann, Rec. de trav. e. c. IX, p. 53. — A. 9. Lieblein, Nr. 1192. — S. 622, Z. 14 und bis Sarkophag zu streichen. — Z. 19 ferner der Oberteil der Statue eines Erbfürsten, Siegelbewahrers und einzigen Freundes (der Name ist abgebrochen) in Samml. Lee; vgl. Lee, Cat., Nr. 419. — A. 2 jetzt in Bulaq (Maspero, p. 76). — A. 6 zu streichen. — A. 7 publ. Wiedemann, Rec. de trav. VIII, p. 65; ein Satz bei Brugsch, Hierogl. Gr., § 357, der den König fälschlich als Psammetich II. nennt. — S. 623, A. 3. Erman, Agypt., S. 49 erklärt die Dynastie für eine Familie libyscher Dynasten. — A. 8 publ. Wiedemann, Rec. de trav. VI, p. 119sq. — A. 11. Drei in Samml. Stroganoff, Nr. 91—93. Von einem weitern Psemtek-seneb, der den Titel Fürst von Sais führte, fand sich die kopflose Statue in Kom Afrin bei Naucratis. Derselbe rühmt sich in Sais Restaurationen und die Wiederherstellung alter Opfergaben veranlaſst zu haben (jetzt in London; Petrie, Naucratis I, p. 94; publ. Maspero, Ägypt. Zeitschr. 1884, S. 80). — S. 624, A. 12. Vgl. die Serapeumsstele bei Lieblein, Nr. 1216. — A. 18. Perrot, Ägypt. S. 654 f. — S. 627, A. 1. Vgl. Robiou, Rech. sur quelq. périples d'Afrique, p. 1 sqq. — S. 628, Z. 27. Früher suchte man Kadytis meist in Jerusalem; Hitzig, De Cadyti urbe Herodotea; Stark, Gaza, S. 218 ff.; Sepp, Jerusalem II, S. 523; Graetz, Gesch. I, S. 96, A. 3 u. a. suchen es in Gaza; Brüll, Jahrb. für Jüd. Gesch. II, S. 133 ff. in dem philistäischen Gath. Sicher steht keine dieser Annahmen.

S. 631. Z. 9. Der Name findet sich ferner auf Topf-Siegeln aus Tell Defenneh (jetzt in London. Academy. 4 Sept. 1886, p. 159). — Z. 17 statt der General Ḥor l. Nes-Ḥor (Statue im Louvre A. 90; publ. Clarac. Musée du Louvre, Nr. 367; Pierret, Rec. I, p. 21 sqq.). — A. 3. Vyse, Pyr. III, pl. zu p. 98. — A. 6 aus dem Serapeum (Maspero, p. 97). — A. 9. Ein bis 84 zu streichen. — A. 11. Die Behauptung von Freudenthal, Hell. Studien, S. 164, dies sei eine unwahre Thatsache, ist unbeweisbar. — S. 632, A. 1. Der Versuch von Hirschfeld, Rhein. Mus. XLII, S. 321 ff., die Inschriften wieder unter Psammetich I. zu setzen, beruht nur auf Hypothesen über die Entwickelung des jonischen Alphabets. — S. 633, A. 10. Vyse, Pyr. III, pl. zu p. 103. — S. 634, Z. 4. Im Südteil des groſsen Tempels von Tanis fand sich das Bruchstück einer glasierten Thonscheibe mit seinem Namen (Petrie, Academy. 14 Juni 1884, p. 429; Tanis 12. 25); Topfsiegel mit demselben entdeckte man in Tell Defenneh (jetzt in London; Academy. 4 Sept. 1886, p. 159). Begraben ward der König vermutlich in Sais, in dessen Nähe bei Damanhur sich das mit mythologischen Bildern bedeckte, mäſsig gearbeitete Unterteil seines Sarkophages fand. Die innere Höhlung war nur 1,40 m lang, so daſs der König auffallend klein gewesen sein muſs (jetzt in Bulaq, Maspero, p. 26; publ. Maspero, Ägypt. Zeitschr. 1884, S. 79 f.). — A. 2. Nr. 200 a. — A. 5. Mehrere fanden sich in Naucratis (Petrie, Naucratis, pl. 37, Nr. 82, pl. 38, Nr. 186); die hier mit der Inschrift Hor-men-Ra auftretenden Amulette (l. c., pl. 37, Nr. 47—50) sind wohl seinem Horusnamen Hor-Ra-men-åb nachgebildet. — A. 13. Maspero, Bull. de l'inst. égypt., II. Ser., Nr. 6, p. 48 sq.; Sayce, Acad. 1883, Nr. 585, p. 51; der Sarkophag zuerst erwähnt Russel, A diary in the East 1869, p. 402. —

A. 14 publ. Wiedemann, Rec. de trav. VI, p. 121; der Sarkophag des Mannes ebenda (l. c., p. 118). — **S. 635, A. 1.** Vgl. Piehl, Ägypt. Zeitschrift 1887, S. 120ff. — **A. 11.** Von einem andern Manne mit dem gleichen Beinamen fand sich eine Statuette zu Tell el Maschutah (Naville, Pithom, p. 32). — **A. 13** publ. Piehl, Rec. de trav. III, p. 70sq.; Wiedemann, l. c. VI, p. 117. — **S. 636, A. 2.** Lieblein, Nr. 1213. — **S. 640, Z. 8.** Die Hypothese von Erman (Alte Baureste e. c. in Berlin. Akad. 1885) Neit-åker sei die Adoptivmutter der Anchen-s gewesen, erscheint unwahrscheinlich. Die in Betracht kommende Stelle (cit. Lepsius, Königsb., Nr. 646) „Anch-en-s, Tochter Psammetich II., deren Mutter Nitocris ist, geboren von der königl. Gemahlin Tachot" kann nur besagen, dafs Nitocris ihre Mutter, Tachot ihre Grofsmutter war. — **A. 2.** Die Ausführungen von Piehl, Petites étud. égypt. über den Übergang des Throns von Apries auf Amasis sind rein phantastisch und beruhen im wesentlichen auf einer grammatisch falschen Übersetzung des in Betracht kommenden Titels. Mit Unrecht identifiziert Meyer, Gesch. Ägypt., S. 383 den Mann mit dem König Amasis.

S. 641, Z. 22 statt dem Generale Ḥor l. Nes-Ḥor. — **A. 1.** Mehrfach fanden sich in Ägypten persische Cylinder mit dem Namen des Nebucadnezar (drei aus Defenneh erwähnt Sayce, Acad. 19 Jun. 1884, p. 51; 4 aus Zagazig (?), drei von Isthmus (? die von Sayce erwähnten?), einen aus Saqqarah Maspero, p. 398. 402. 404). Der Versuch von Maspero, Ägypt. Zeitschr. 1884, S. 87ff. und Brugsch a. a. O., S. 93ff., in der Inschrift des Nes-Ḥor vielmehr die Erwähnung eines Soldatenaufstandes zu finden, erscheint nicht gelungen. Völlig verfehlt sind die Ausführungen von Greil, Der Übergang der Krone Ägyptens von Hophra auf Amasis. Passau 1859. — **A. 3.** Der Sage nach eroberte damals Nebukadnezar den Thron Salomos, den Necho besessen hatte (vgl. Jalkut, p. 123b; Jellinek, Bet ha-Midrasch II, p. 83—85; S. Cassel in Wissensch Ber. der Erfurter Akad. I, S. 37ff.). — **S. 642, Z. 11.** Vgl. zu Fumis den Feldherrn Yasîd oder Fusîd, den Gegner des Cambyses oder Nabuchodonosor, den die Assyrer töteten bei Johannes von Nikiu, cap 51 (Zotenberg, p. 494. 506). — **A. 14.** Eine weitere in Bulaq zeigt karische Schriftzeichen (Maspero, p. 357). — **S. 643, Z. 4** statt General Ḥor l. Nes-Ḥor. — **Z. 10.** Bei Tell-el-Rob bei Sembellauïn fand sich ein Sandsteinnaos mit seinem Namen und religiösen Reliefs (publ. Maspero, Ägypt. Zeitschr. 1881, S. 90ff.). — **A. 4** statt p. 13sq. l. 61sq. — **A. 9.** Perrot, Ägypt., S. 666. Maspero, p. 51 und Arch. ég., p. 295sq. giebt als Fundort Horbaït an. — **A. 12** ein als Treppenstufe verwendeter Obelisk ist ebenda (publ. Niebuhr, Reisebeschr. nach Arab.

I, pl. 36 B). — **S. 644, Z. 15.** Kontrakte aus der Zeit des Apries befinden sich in London und in Paris (Revillout, Rev. ég. III, p. 188). — **A. 7.** Mehrere fanden sich in Naucratis (Petrie, Naucratis, p. 5); einer in Bulaq trägt seine beiden Namen (Maspero, p. 98). — **A. 8** in Samml. Stroganoff, Nr. 111. — **A. 9** zwei Fragmente in Samml. Stroganoff, Nr. 82 und 89. — **A. 10** in Samml. bis 89 zu streichen; in Bulaq (Maspero, p. 94). — **Z. 645, Z. 14.** Der Sarg von Stockholm bei Lieblein, Nr. 1153. — **A. 15.** Der Name seines Vaters Alkskars scheint ein griechisches Wort zu umschreiben, so dafs dieser Mann wohl erst in die Ptolemäerzeit zu setzen wäre. — **S. 646, A. 8.** Es ist dies das sogenannte Campbell's tomb (vgl für dasselbe Vyse, Pyr. I, p. 261; II, p. 131 sqq.). In ihm fand sich auch der Sarkophag eines Nes-ket-u (jetzt in London; l. c. II, p. 136 sqq.). Für in dem Grab gefundene Uschebti vgl. l. c. I, p. 199. 201. 203. 207. 215. 226—227. 271. 285. 290; II, p. 2. 17). — **S. 647, A. 2.** Den Anfang eines Märchens, welches dem Könige am Morgen nach einer durchschwelgten Nacht erzählt ward, enthält ein demotischer Papyrus in Paris (übers. Revillout, Rev. égypt. I, p 65 sqq.; Maspero, Cont. pop., p. 207 sqq.). — **A. 4.** Robiou, Mél. Reiner. Paris 1886, p. 175 sqq. nimmt an, dafs die Religion und Moral des Pythagoras, nicht aber seine Philosophie von Ägypten beeinflufst ward. — **S. 648, A. 1** statt Herod. I, 29 l. Der Besuch des Solon bei Amasis auch Herod I, 30. — **S. 649, A. 2.** Sachlich wäre zu dem Gesetz zu vergleichen die Sitte im mittelalterlichen Florenz (vgl. Burckhardt, Kultur der Renaissance I³, S. 78), dafs der Vater den Staat testamentarisch ersuchte, seine Söhne um 1000 Goldgulden zu strafen, wenn sie kein regelmäfsiges Gewerbe trieben.

S. 653, A. 1. Wie Kallimachus urteilt Strabo XVII, p. 801. Nach Athenäus XV, 18 bestand die Stadt schon um 688, ebenso wie die Funde von Petrie für die Existenz einer griechischen Kolonie um diese Zeit hier sprechen. Die dagegen von Hirschfeld, Rhein. Mus. XLII, S. 209 ff. angeführten Gründe sind, da sie nur auf anderweitigen Hypothesen beruhen, nicht mafsgebend. Ihm sind denn auch mit Recht Gardener und Petrie (Academy. 16 Juli 1887, p. 43 sq.) entgegengetreten. — **A. 2** statt Für die Stadt bis p. 61 sqq. l. Die Ruinen der Stadt entdeckte Flinders Petrie bei dem Orte Nebireh im westlichen Delta (Petrie, Naucratis I, London 1886; vgl. Petrie, The discovery of Naucratis in Journ. of Hellenic Studies. 1885; Gardner in Journ. of Hellenic Studies 1886 und in 4th ann. rep. of Eg. expl. fund., p. 29 sqq.). — **A. 3** zum Schlufs: Vgl. ferner Acad. 20 Aug. 1887, p. 122; 27 Aug., p. 139. — **S. 654, Z. 10.** Mit Blöcken aus seiner Zeit ward der kleine Saal hinter dem grofsen Hof des Tempels von Philä erbaut (Maspero,

Ägypt. Zeitschr. 1885, S. 13). — **A. 4.** Pierret, Rec. II, p. 39sqq. — **S. 655, Z. 4.** Im Monat Phamenoth seines dritten Jahres hatte er in Bubastis ein Weihgeschenk dargebracht (Stele aus Bubastis in Bulaq, publ. Maspero, Ägypt. Zeitschr. 1885, S. 11. Maspero, Guide, p. 26 erwähnt eine Stele vom ersten Jahr des Königs in Bulaq). In Tanis (unter dem Hügel Tell Nebescheh) befinden sich Reste eines Tempels, welchen Amasis mit Trümmerblöcken älterer Bauten errichtete. In den Eckfundamenten lagen zahlreiche Platten aus Thon und Metall mit dem Namen des Königs neben andern Weihgeschenken. Auch an dem Naos, von dem sich eine Ecke fand, stand, sorgsam ausgekratzt, der Bannername des Königs. Zahlreiche Sarkophage der 26. Dynastie fanden sich in der Nähe (Petrie, Academy. 10 Apr. 1886, p. 262; 4 Sept. 1886, p. 158; 4th ann. rep. of Eg. expl. fund, p. 16). In Tell Defenneh fand man Topf-Siegel mit seinem Namen (in London. Vgl. Acad. 4 Sept. 1886, p. 159). In Kom Afrin bei Naucratis ward das Vorderteil einer Prozessionsbarke mit seiner Kartouche entdeckt (Petrie, Naucratis I, p. 95, pl. 12). — **A. 6.** Die Annahme Masperos, Guide, p. 243, es handele sich hier um eine liegende Statue des auferstandenen Osiris, ist unwahrscheinlich, da der Tempel in Memphis Ptah und nicht Osiris geweiht war. — **S. 656, A. 9.** Die Stele gehört Ptaḥ-ḥetep, dem Sohne des Neka-u-mer-neter-u an (publ. Piehl, Ägypt. Zeitschr. 1887, p. 122). — **S. 657, Z. 17.** Ein Siegelabdruck in Wachs mit seiner Kartouche fand sich in Zagazig (in Bulaq; Maspero, p. 99). — **A. 5** und in Bulaq (Maspero, p. 123). — **A. 7** einer in Samml. Stroganoff, Nr. 90. — **A. 14.** Eine runde bis 90 zu streichen. — **A. 15.** Einer in Wien (Datum verloren; in Transcription bei Krall, Wiener Sitzungsber. CV, S. 340ff.); einer vom Athyr seines 32. Jahres in Paris, Bibl. nat. (publ. Caillaud; übers. Revillout, Rev. ég. III, p. 189sq.; Proc. 3 Mai 1887, p. 168); ein dritter vom Mechir des 37. Jahres im Louvre (publ. und übers. Revillout, Rev. arch. III Ser. VI, p. 257—272, pl. 26). — **S. 658, Z. 5.** Der schlecht erhaltene Abdruck des Siegels eines Priesters des Königs und Vorstehers des Schatzhauses Åḥ-mesnet . . . . (?) fand sich in Naucratis (Petrie, Naucratis I, pl. 20, Nr. 5). — **A. 8.** Vollständig publ. Budge, The sarcophagus of the Egyptian queen Ānchnesrāneferàb, London 1886. In römischer Zeit hatte ein königl. Schreiber Amenḥetep, der Sohn der Ta-scher-pi-Ment den schon damals leeren Sarg usurpiert (seine Inschriften publ. Budge, Et. déd. à Leemans, p. 43sq.). — **A. 9.** Vgl. Lepsius, Königsb., Nr. 619—627. Die Bedeutung der Leute, welche von der Königin Amenëritis abstammten, war eine sehr grofse. — **S. 659, A. 7.** Der Sarkophag des Sohnes eines Bak-en-ren-f Namens Ānch-Ḥor-pen ist in Berlin (Nr. 41 [21], publ. Wiedemann, Proc. Juni 1886). — **A. 10.** Lieblein, Nr. 1147. — **S. 660, Z. 10.** In Theben erwarb Eisenlohr neben Texten von Apries und Psammetich demotische Urkunden aus dem 12. 14. 17. 19. 29. 31. 32 (Rev. ég. III, p. 189 sq.) 33. 34. 35. 36. und 37. Jahre des Amasis (jetzt im Louvre; vgl. Eisenlohr, Ägypt. Zeitschr. 1885, S. 52 f.; Revillout, Rev. ég. III, p. 188). — **A. 3.** Die Basis eines Duplikats aus Sais ist in Cambridge (publ. Clarke, Travels, p. 218; Macalister, Proc. 1 Febr. 1887, p. 98 sqq.).

S. 661, Z. 8. Herod. III, 10 erwähnt dabei Regen in der Thebaïs als unglückliches Vorzeichen, dagegen wies Wilkinson, Thebes, p. 75 nach, daſs es hier öfters regnet und Aelian, Nat anim. II, 56 (cf. Diodor I, 10) und VI, 41 spricht von Regen in Ägypten und von Hagel in der Thebaïs als bekannten Dingen. — **S. 662, Z. 17.** Für den Krieg des Cambyses gegen Ägypten vgl. den merkwürdigen Bericht des Johannes von Nikiu (Zotenberg, S. 494 ff.), der zwar den Einfall des Cambyses mit dem Nebukadnezars zusammen geworfen hat, aber doch manche beachtenswerte Notiz giebt. — **S. 663, Z. 10.** In Naukratis fand sich ein Vasenfragment, welches Phanes der Sohn des Glaukias dem Milesischen Apollo weihte. Diesen Phanes hielten Petrie und Hirschfeld, Rhein. Mus. XLII, S. 215 für den bekannten, das Fehlen von Halikarnass in der Inschrift und das des Vatersnamen bei Herodot machen die Identifikation äuſserst fraglich. — **S. 665, A. 1.** Auch Smerdis soll am Trinken von Stierblut gestorben sein (Ctesias c. 10), wie dasselbe frisch überhaupt den griechischen Ärzten als Gift galt (Nicander, Alexiph. v. 312 sqq.; Dioscorides VI, 25. — Bei Aelian, Nat. anim. XI, 35 freilich auch als Arzenei gegen Blutspucken). Die Ausführungen von Schulz, Die Byzant. Zellen-Emails der Samml. Swenigorodskoi., Aachen 1884, S. 75 ff. sind rein phantastisch. — **S. 667, A. 3.** Lieblein, Nr. 1286. Statt Rev. ég. I, p. 24 sqq. l. p. 70 sqq. — **S. 670, A. 6** statt Diod. l. nach Diod. I, 33 nannte er sie nach seiner Mutter.

S. 671, A. 1. Vgl. ferner v. Gutschmid, Neue Beiträge zur Gesch. des Orients, S. 68; Meyer, Kambyses bei Ersch und Gruber. — **S. 672. Z. 4.** Hierher gehörige griechische Inschriften Corp. Inscr. Gr. III, Nr. 4741. 4749. 4756. — **Z. 28.** Die von Mariette selbst ausgehende Behauptung (About, Le Fellah, Paris 1870, p. 266 und sonst), er habe diesen Apis selbst gefunden, ihn aber, da er ihn nicht mitnehmen konnte, wieder vergraben; der Kaiser Maximilian von Mexiko habe ihn dann ausgraben und nach Miramar bringen lassen, ist eine Fabel. — **S. 673, Z. 12.** Da der Apis eine Inkarnation des Ptah war, konnte es nur ein solches Tier geben (Wiedemann, Gesch. Ägypt., S. 227 ff.

und Jahrb. d. Ver. v. Alt. fr. im Rheinl. LXXVII, S. 122 f.), ebenso wie es nur einen Phönix, d. h. einen Reiher gewordenen Ra gab (Plin. Hist. nat. X, cap. 2). — **S. 675, Z. 2.** Hutecker, Über den falschen Smerdis, Königsberg 1885, S. 49 f. — **S. 677, Z. 36.** Polyaen, Strat. VII, 10, cf. Aristoteles, Rhet. II, 20. — **S. 679, A. 3.** Vgl. Eisenlohr, Act. du Congr. intern. des Orient. Leide IV, p. 223 sqq. — **S. 680, A. 3.** Vgl. de Rozière in Descr. d'Eg. Ant. II, p. 265; Devilliers, l. c. chap. 24, p. 8; Grotefend in Fundgruben des Orients VI, Nr. 3, S. 252; Rawlinson, Journ. of Roy. Asiat. Soc. X, p. III, 313; Mariette, Rev. arch. 1866 II, p. 433. Die ägyptischen Fragmente Maspero, Rec. de trav. VII, p. 1—8.

S. 681, A. 1. Oppert, Le peuple des Mèdes, Paris 1879. — **S. 682, A. 1.** Die Fischerei auf dem Menzaleh-See bringt noch jetzt jährlich 1⅓ Millionen Mark ein (Ebers, Cicerone I, S. 97). — **A. 5.** Vgl. für den Ort Herod. II, 97. — **S. 683, Z. 26.** Eine Stele aus der Ptolemäerzeit nennt Leute, welche im 11. Jahre des Darius im Serapeum thätig waren (Brugsch, Ägypt. Zeitschr. 1884, S. 118). — **A. 3.** Felix, Notes on Hierogl., p. 21; Golenischeff, Hamm., pl. 18, Nr. 4. — **A. 4.** Golenischeff, Hamm., pl. 18, Nr. 1. Vgl. L. D. III, 275; Lieblein, Nr. 1284. — **A. 7.** Zu 362 vgl. Brugsch, Ägypt. Zeitschr. 1884, S. 115 f. — **A. 9.** Vgl. Lieblein, Nr. 1230. — **S. 684, Z. 9.** Weitere demotische Kontrakte datieren vom Payni des 3 (in Berlin L. D. VI, 125. 3. Vgl. Revillout, Transact. Soc. Bibl. arch. VIII, p. 22); dem Thoth des 6 (übers. Revillout, Rev. ég. III, p. 192) dem Epiphi des 9 (in Berlin; L. D. VI, 125. 1; vgl. Revillout, Transact. VIII, p. 21 sq.; Proc. 3 Mai 1887, p. 170); dem Pharmuthi des 24. (in Turin Nr. 2; vgl. Revillout, Transact. VIII, p. 27 sqq.), dem Thoth des 30. (in Berlin, L. D. VI, 125. 2; vgl. Revillout, l. c., p. 23 und Rev. ég. II, p. 270) Jahres. Das Jahr 34 des Herrschers findet sich vielleicht in Edfu genannt, Darius hatte in demselben dem Tempel Geschenke gemacht (Eisenlohr, Act. du Congr. intern., Leide IV, p. 233. 235). — **A. 3 l.** Vier zusammengehörige Akten in Paris, Bibl. nat., Nr. 216; vgl. Revillout, Transact. Soc. Bibl. Arch. VIII, p. 25 sqq. — **A. 4** übers. Revillout, Rev. ég. III, p. 192. — **S. 686, A. 3.** Felix, Not. on Hierogl., p. 21; Golenischeff, Hamm., pl. 18, Nr. 2—4. — **A. 5.** Grotefend, Neue Beiträge, S. 15, pl. II, Nr. 3; Heeren, Ideen II, S. 230. 340; Rawlinson, Journ. of Asiat. Soc., l. c., p. 339; Benfey, Pers. Keilinschr., S. 66; Oppert, Inscr. des Achéménides, p. 287; Spiegel, Alt-pers. Keilinschr., S. 62; Ménant, Achéménides, p. 148 sq.; Hommel, Gesch. Babyloniens und Assyriens, S. 63. — **S. 687, A. 2.** Nach Aristides I, p. 247 Dind. wäre der Aufstand eine Folge der Schlacht am Eurymedon gewesen. Vgl. für denselben Schwarz, Kritische Gesch. der Empörung des Amyrtäos, Inowrazlaw 1877; Duncker, Gesch. des Altert. VIII, S. 295 ff. 318 ff. — **S. 690, A. 1.** Unter den in Ägypten gefallenen Griechen wird (C. J. Gr., Nr. 165; C. J. Att. I, Nr. 433) der Seher Telenikos genannt. Dafs Athener den Inaros nach Persien begleiteten, nimmt Schwarz, a. a. O. S. 9. 20 ohne Beweis an. — **A. 4.** Noch wahrscheinlicher ist es, dafs sich die Ägypter dadurch wieder die athenischen Sympathieen erkaufen wollten. Schiffe wurden ihnen jedoch nicht geschickt, da Pericles, um einen Konflikt mit Persien zu vermeiden und die Athener anderweitig zu beschäftigen, eine Expedition nach dem Pontus ins Werk setzte (vgl. Duncker, Sitzungsber. der Berl. Akad. 1885, S. 533 ff. und Gesch. d. Altert. IX, S. 95 ff.).

S. 691, Z. 34. Ein demotischer Kontrakt datiert vom Epiphi seines 33. Jahres (L. D. VI, 126. 4; übers. Revillout, Proc. 3 Mai 1887, p. 169 sq.). Über die Pest, welche von Äthiopien kommend Ägypten, Libyen und andere persische Provinzen verheerte, um im Frühjahr 430 in Athen auszubrechen (Thucyd. II, 48) schweigen die Inschriften. — **A. 3.** Vgl. S. 110. — **A. 5.** Vgl. die Citate zu S. 686, A. 5 und Westergaard, Mém. de la Soc. des ant. du Nord. 1844, p. 419 sq. — **S. 692, A. 4.** Die von Eisenlohr, Act. du Congr. intern. Leide IV, p. 233. 235 für das Jahr 19 Darius II. citierte Inschrift in Edfu bezieht sich vielmehr auf Darius I. — **S. 694, A. 2.** Das Fragment giebt den Stammbaum:

König Amen-rut

König Pef [1] . . . . + Ar-bast-ut'a-nef-u

. . . . . neb-ta-ui.

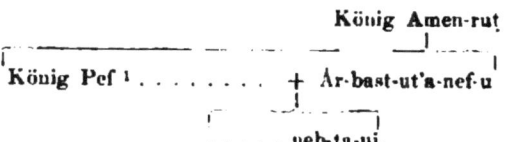

A. 5. Pierret II, p. 80. — **S. 695, A. 5.** Sp. Monumente. Die Anordnung der Könige ist nach Revillouts neuester Bearbeitung der demotischen Chronik (Rev. ég. II, p. 3. 56 sqq.) in dieser: Naif-äa-u-rut, Hakel, Pa-sa-Mut, Muthes (Ḥor-neb-chā), Naif-äa-u-rut. — **A. 5.** Dasselbe ward in Tell-et Tmai (Tanis) in einem Sarkophag gefunden (Maspero, p. 99; Daninos, Rec. de trav. l. c. IX. p. 19). — **A. 6.** Pierret II, p. 1. — **S. 696, A. 1.** Vgl. Wiedemann, Proc. Maerz 1885, p. 111. — **A. 4.** Vgl. Wiedemann, l. c., p. 108 sqq. Einen zweiten Tempel des Königs entdeckte Maspero (Rec. de trav. VI, p. 20) vor dem Südteile des ersten Pylon von Karnak. Seine schönen Basreliefs zeigten Psamut vor der heiligen Barke des Amon und nannten auch den König Acho-

1) Wohl verschrieben für Nef . . . ., d. h. Nepherites I.

ris. — **S. 698, A. 1.** Vgl. Wiedemann, l. c., p. 109 sq. Auch an dem zweiten Tempel Psamuts war er hier thätig (Maspero, Rec. de trav. VI, p. 20). — **A. 3.** In den Trümmern des Sebektempels fand sich ein Fragment seiner Kartouche (Champ. Not., p. 265 sq.; Felix, Not. on Hierogl., p. 22). — **A. 5.** Eine Ptolemäerstele erwähnt Leute, welche im 4. Jahre des Achoris am Serapeum in Memphis thätig waren (Brugsch, Ägypt. Zeitschr. 1884, S. 118). — **A. 6.** Vyse, Pyr. III, pl. zu p. 103. — **A. 8.** Auf dem Exemplar aus Medinet-Abu (cf. Maspero, p. 426) fehlt der Königsname. Eine kleine Statue des Herrschers fand sich im Tempel von Bubastis (Miss Edwards, The Times. 1 Juli 1887, p. 3). — **S. 699, A. 1.** Isocrates hielt eine Rede für Euagoras (gute Ausgabe von Clarke, London 1885). — **S. 700, Z. 2** statt und l. oder.

S. 701, Z. 13. Chariton von Aphrodisias hat in seinem Roman von den Abenteuern des Chäreas und der Kallirrhoë (vgl. Rohde, Griech. Roman, S. 485 ff.) die Kämpfe des Artaxerxes gegen Ägypten und den Sieg des Artaxerxes (Ochus) freilich vielfach verändert, als Hintergrund verwendet. — **S. 703, A. 1.** Vgl. Six, Le Satrape Mazaeus (in Numismatic chronicle III Ser. IV) p. 39. — **S. 705, Z. 22.** Der König baute ferner am Sebek-Tempel zu Eileithyia (Champ. Not. 265 sq.), in Saft el Henneh (Naville, Academy. 20 Juni 1885, p. 444; Goshen, pl. 8 c) in Tawila bei Tell el Kebir (l. c., pl. 9 b) und in Belbeis (Naville, Acad. 19 Febr. 1887, p. 137). — **A. 2.** Eisenlohr, Act. du Congr. intern. de Leide IV, p. 232 sqq. Dieses Datum widerlegt die chronologischen Ausführungen von Revillout, Rev. ég. II, p. 58 sq. — **A. 8.** Wiedemann, Proc. Maerz 1885, p. 112. — **A. 10.** Hier erbaute er das Sanctuarium des grofsen Tempels (Miss Edwards, Ill. London News. 1887, p. 357; The Times. 1 Juli 1887, p. 3). — **A. 11.** Naville, Pithom, p. 11—12. Stücke aus dieser Anlage brachte Petrie nach England (Poole, Acad. 20 Sept. 1884, p. 191; Lottie, Athenäum. 20 Sept. 1884, p. 378). Kopf des Königs von hier Petrie, Tanis 12. 7. — **S. 706, A. 1.** Mariette, Serapeum I, p. 18; Serapeum ed. Maspero I, p. 15 sqq. 36 sqq. 76 sq. — **A. 3.** Niebuhr, Reisebeschreibung nach Arabien I, pl. 36 A. — **A. 5.** Tertullian, De anima cap. 57 nennt als grofsen Lehrer der Heiden neben Hostanes, Berenice u. a. auch Nectabis. Ist dies Nectanebus oder Nechepsos? — **A. 9.** Maspero, p. 294; derselbe hält (p. 345) die Königin für die Frau Nectanebus I. — **S. 707, Z. 1** nach ein l. bruchstückweise erhaltenes, hieratisches. — **A. 1.** Reinisch, Chrest. I, pl. 18. — **A. 3.** Brugsch, Dict. geogr., p. 1055 sqq.

S. 712, A. 5. Für Mazäus vgl. Six in Numism. Chron. III Ser. IV,

p. 97—159. — **S. 716, A. 3.** Vgl. Brugsch, Übers. Erkl. u. s. f., S. 75 ff.; Lepsius, Königsb., Nr. 673 ff.; Lieblein, Nr. 1288. — **A. 4** statt bekanntlich nicht l. II, 29 unter dem Namen Tachompso. — **A. 5.** Eisenlohr, Act. du Congr. intern. de Leide IV, p. 232. — **S. 717, A. 6.** Im Jahre 16 errichtete er hier eine Backsteinmauer um den Tempel des Chem (Stele zu Bulaq; publ. Maspero, Ägypt. Zeitschr. 1885, S. 4 f.). — **A. 11.** Reuvens, Lettre à M. Letronne sur les Pap. bilingues de Leyde, p. 76 sqq. Maspero, Cont. pop., p. 217 sqq. führte aus, dafs es sich hier um eine Sage handelt. Für den märchenhaften Verkehr des Nectanebus mit dem sagenhaften König Lycerus von Babylon und dessen Minister Äsop vgl. Maspero, l. c., p. XXIII. — **A. 12.** Millin, Mon. inédits I, p. 383. — **S. 718, Z. 6.** Bei Chatanah bei Fakus finden sich Bruchstücke mit seinem Namen (Naville, Goshen, p. 21). — **Z. 8.** Eine Stele erwähnt den Tod des Apis am 1. Pachons des 3. Jahres des Königs (Brugsch, Ägypt. Zeitschr. 1884, S. 134). — **Z. 16** statt aus seiner Zeit l. welchen er in einem von ihm selbst errichteten Tempel bei Saft-el-Henneh im Delta hatte aufstellen lassen. — **A. 3.** Vgl. Mariette, Serapeum ed. Maspero I, p. 27. — **A. 4.** Die aus dem Vatikan publ. Wiedemann, Rec. de trav. VI, p. 118. — **A. 5** eine Stele aus Saft el Henneh in London (Naville, Goshen, pl. 8 b). — **A. 6** publ. Wiedemann, l. c., p. 118 sq. — **A. 11.** Weitere Fragmente fand Naville in Saft-el-Henneh (Naville, Academy. 20 Juni 1885, p. 444 ganz publ. Nav. Gosh., pl. 1—7). — **A. 13** publ. Young, Hierogl., pl. 9. — **A. 14.** Ferner eines in Berlin (Brugsch, Übers. Erkl. u. s. f., S. 63 f.). — **S. 719, Z. 19.** In einem gnostischen Papyrus zu Leyden (ed. Leemans, Pap. Graeci II, p. 155) wird ein dem König Ochus gewidmetes Werk des Hierogrammaten Thphe über den heiligen Namen, natürlich ein pseudepigraphes, mystisches Produkt erwähnt.

S. 723, A. 1. Nach Nissen, Rhein. Mus. N. F. XL, S. 62 war das Gründungsdatum der 21. Jan. 331. — **S. 729, A. 2** hinter Bekk. l. (Patrol. Graeca CXXI, col. 112); Joh. Malala, Chron. col. 140 sqq.; Johannes von Nikiu bei Zotenberg, p. 484 sqq. (letzterer setzt den König dem Amosis gleich). — **A. 6.** Für Jachen vgl. Conrigius, Hermetica medic., p. 108; Borrichius, Hermes vindic., p. 170. — **S. 730, Z. 10.** Als König ist beizufügen: Thamos, unter welchem nach Plato (Philebos, p. 18; Phaedros, p. 274—275, § 133—135) der Gott Theyth die Buchstabenschrift erfand. — **A. 1.** Steph. Byz. s. v. Θῶνις; Herod. II, 112 ff. nennt Proteus als König, Thonis als Wächter der Kanobischen Nilmündung. Vgl. Diels, Hermes XXII, S. 441 ff.